Qiche Fadongji Gouzao yu Chaizhuang

汽车发动机构造与拆装

（第 3 版）

主　　编　陈　瑜　雍朝康

副 主 编　韩　超　曾重荣　包建洪

丛书总主审　朱　军

人民交通出版社股份有限公司
China Communications Press Co.,Ltd.

内 容 提 要

本书是全国中等职业学校课程改革规划新教材之一,主要内容包括:发动机总体构造认识及拆装前的准备、发动机进排气系统构造与拆装、配气机构构造与拆装、曲柄连杆机构构造与拆装、冷却系同时构造与拆装、润滑系统构造与拆装、汽油机燃油供给系统构造与拆装和柴油机燃油供给系构造与拆装。

本书为中等职业学校汽车运用与维修专业的教材,也可供汽车维修技术人员参考阅读。

图书在版编目（CIP）数据

汽车发动机构造与拆装/陈瑜,雍朝康主编. —3 版. —北京:人民交通出版社股份有限公司,2019.6
  ISBN 978-7-114-15218-4

  Ⅰ.①汽… Ⅱ.①陈…②雍… Ⅲ.①汽车—发动机—构造—中等专业学校—教材②汽车—发动机—装配(机械)—中等专业学校—教材 Ⅳ.①U464

  中国版本图书馆 CIP 数据核字(2019)第 041987 号

书　　　名:**汽车发动机构造与拆装**(第3版)
著 作 者:陈　瑜　雍朝康
责任编辑:戴慧莉
责任校对:刘　芹
责任印制:刘高彤
出版发行:人民交通出版社股份有限公司
地　　　址:(100011)北京市朝阳区安定门外外馆斜街 3 号
网　　　址:http://www.ccpcl.com.cn
销售电话:(010)59757973
总 经 销:人民交通出版社股份有限公司发行部
经　　　销:各地新华书店
印　　　刷:北京虎彩文化传播有限公司
开　　　本:787 × 1092　1/16
印　　　张:8.75
字　　　数:200 千
版　　　次:2011 年 1 月　第 1 版
　　　　　　2013 年 7 月　第 2 版
　　　　　　2019 年 6 月　第 3 版
印　　　次:2024 年 1 月　第 3 版　第 2 次印刷　总第 9 次印刷
书　　　号:ISBN 978-7-114-15218-4
定　　　价:25.00 元

第3版前言

本套"全国中等职业学校课程改革规划新教材",自 2010 年首次出版以来,多次重印,被全国多所中等职业院校选为汽车运用与维修专业教学用书,受到了广大师生的好评。2012 年根据教学需求,本套教材进行了修订,使之在结构和内容上与教学内容更加吻合,更注重对学生实践能力的培养。

为了体现现代职业教育理念,贴近汽车运用与维修专业实际教学目标,促进"教、学、做"更好地结合,突出对学生技能的培养,使之成为技能型人才,2018 年 8 月,人民交通出版社股份有限公司吸收教材使用院校的意见和建议,组织相关老师,经过认真研究和充分讨论,确定了修订方案,再次对本套教材进行了修订。

《汽车发动机构造与拆装》的修订工作,就是在本书第二版的基础上进行的。在前版基础上增加了发动机进、排气系统构造与拆装的内容,将曲柄连杆机构构造与拆装和配气机构构造与拆装章节顺序进行了交换,有利于学生实践学习和教师进行技能讲解。本书对每个实训项目提出考核要求和评分标准,使实训与就业、实训与社会需要紧密结合,有效地激发学生的学习积极性,提高学生的实践操作技能。

本书由四川交通运输职业学校陈瑜、雍朝康担任主编,成都工程职业技术学校韩超、成都汽车职业技术学校曾重荣、四川省犍为职业高级中学包建洪担任副主编。

限于编者水平,书中难免有疏漏和错误之处,恳请广大读者提出宝贵建议,以便进一步修改和完善。

全国中等职业学校汽车运用与维修专业
课程改革规划新教材编委会
2019 年 2 月

目 录

学习任务一 发动机总体构造认识及拆装前的准备

任务要求

完成本学习任务后,你应该能:

1. 叙述发动机的整体构造;

2. 叙述发动机的基本术语和四冲程发动机的工作原理;

3. 识别汽车发动机常用拆装工具,并了解其用途;

4. 规范使用发动机常用拆装工具;

5. 规范拆卸发动机。

建议学时:16 学时

任务描述

一辆 2008 年款丰田卡罗拉 1.6GL 型手动挡汽车,搭载直列四缸电控发动机,在高速公路上因制动系统出现故障而发生撞护栏的交通事故,车头严重受损,发动机损坏严重。经维修人员检查,需拆卸该车发动机进行大修。

一、理论知识准备

1. 发动机的作用

汽车的动力来自发动机,发动机是汽车的核心部件。现代汽车的发动机是将燃料燃烧的化学能转变成热能,再把热能转变成机械能的装置。发动机分为内燃机与外燃机,现代汽车广泛使用内燃机。汽车用内燃机根据所使用的燃料可以分为汽油机、柴油机、压缩天然气发动机、液化石油气发动机和双燃料发动机等。

2. 发动机常用术语

(1)上止点(TDC):活塞在汽缸里作往复直线运动时,当活塞向上运动到最高位置,即活塞顶部距离曲轴旋转中心最远的极限位置,称为上止点(图1-1a)。

(2)下止点(BDC):活塞在汽缸里作往复直线运动时,当活塞向下运动到最低位置,即活塞顶部距离曲轴旋转中心最近的极限位置,称为下止点(图1-1b)。

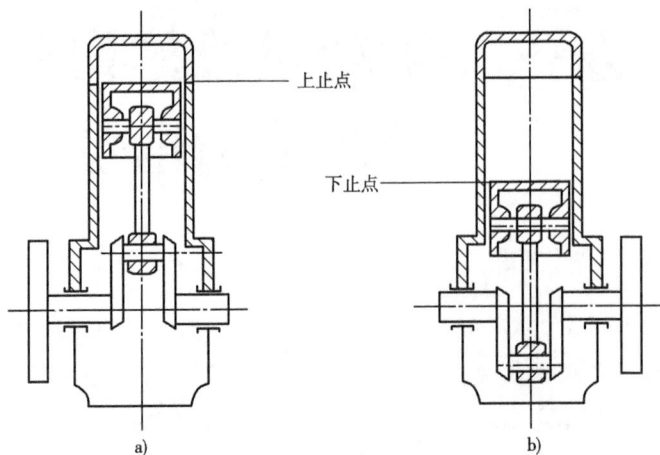

图1-1 上止点与下止点

(3)活塞行程(图1-2):活塞从一个止点到另一个止点移动的距离,即上、下止点之间的距离称为活塞行程。对应一个活塞行程,曲轴旋转180°。

(4)曲柄半径(图1-2):曲轴旋转中心到曲柄销中心之间的距离称为曲柄半径,通常,活塞行程为曲柄半径的2倍。

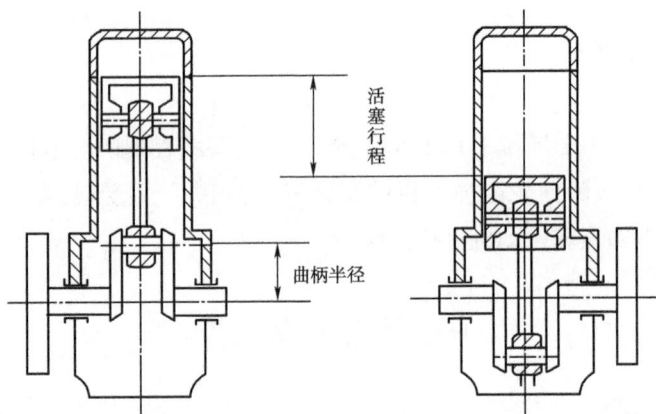

图1-2 活塞行程与曲柄半径

(5)汽缸工作容积(图1-3):活塞从一个止点运动到另一个止点所扫过的容积,称为汽缸工作容积。

(6)燃烧室容积(图1-3):活塞位于上止点时,其顶部与汽缸盖之间的容积称为燃烧室容积。

(7)汽缸总容积(图1-3):活塞位于下止点时,其顶部与汽缸盖之间的容积称为汽缸总容积。汽缸总容积就是汽缸工作容积和燃烧室容积之和。

（8）发动机排量：指多缸发动机各汽缸工作容积的总和。

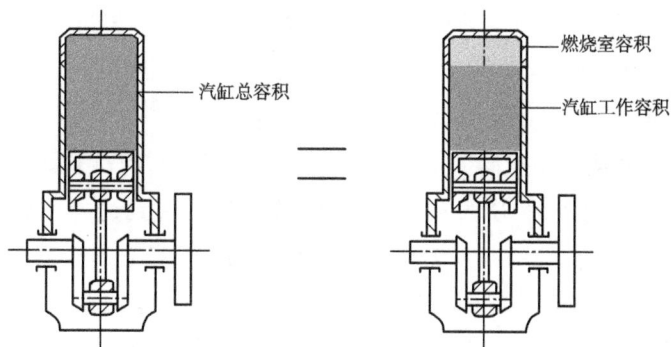

图1-3　汽缸工作容积、燃烧室容积与汽缸总容积

（9）压缩比：气体压缩前的容积与气体压缩后的容积之比值，即汽缸总容积与燃烧室容积之比。压缩比是发动机指标中一个非常重要的概念，它表示气体的压缩程度。

（10）工作循环：在汽缸内进行的每一次将燃料燃烧的热能转换为机械能的一系列连续过程（进气、压缩、做功、排气）。每一个工作循环包括进气、压缩、做功和排气过程。

3. 发动机的工作原理

发动机是一种能量转换机构，它将燃料燃烧产生的热能转变为机械能。要完成能量转换必须经过进气，把可燃混合气（或新鲜空气）引入汽缸；然后将进入汽缸的可燃混合气（或新鲜空气）压缩，压缩接近终点时点燃可燃混合气（或将柴油高压喷入汽缸内形成可燃混合气并压燃）；可燃混合气着火燃烧、膨胀，推动活塞下行实现对外做功；最后排出燃烧后的废气。这4个过程（进气、压缩、做功、排气）叫作发动机的1个工作循环。工作循环不断地重复，就能实现能量转换，使发动机连续运转。我们把完成1个工作循环，曲轴转两圈（720°），活塞上下往复运动4次的发动机称为四冲程发动机。

四冲程汽油机的运转是按进气行程、压缩行程、做功行程和排气行程的顺序不断循环反复的。

1）进气行程（图1-4）

由于曲轴的旋转，会使活塞从上止点向下止点运动，从而使排气门关闭，进气门打开。进气过程开始时，活塞位于上止点，汽缸内残存有上一循环未排净的废气，因此，汽缸内的压力稍高于大气压力。随着活塞下移，汽缸内容积增大，压力减小，当压力低于大气压时，在汽缸内产生真空吸力，空气经空气滤清器过滤后与汽油混合成可燃混合气，通过进气门

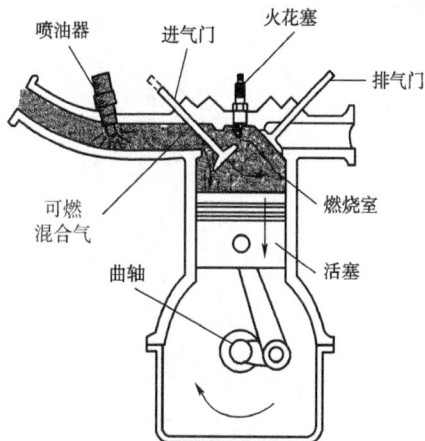

图1-4　进气行程

被吸入汽缸,直至活塞向下运动到下止点。在进气过程中,受空气滤清器、进气管道、进气门等阻力影响,进气终了时,汽缸内气体压力略低于大气压,为0.075 ~ 0.09MPa,同时受到残余废气和高温机件加热的影响,温度会达到90 ~ 130℃。实际汽油机的进气门是在活塞到达上止点之前打开的,并且延迟到下止点之后关闭,以便吸入更多的可燃混合气。

2)压缩行程(图1-5)

曲轴继续旋转,活塞从下止点向上止点运动,这时进气门和排气门都关闭,汽缸内形成封闭容积,可燃混合气受到压缩,压力和温度不断升高,当活塞到达上止点时压缩行程结束。此时可燃混合气压力可达0.6 ~ 1.2MPa,温度可达330 ~ 430℃。

压缩终了气体的压力和温度主要随压缩比的大小而定。压缩比越大,压缩终了时汽缸内的可燃混合气压力和温度越高,燃烧速度越快,发动机功率也越大。但压缩比太高,容易引起爆燃。所谓爆燃就是由于气体压力和温度过高,可燃混合气在没有点燃的情况下自行燃烧,且火焰以高于正常燃烧数倍的速度向外传播,造成尖锐的敲缸声。爆燃会使发动机过热,功率下降,汽油消耗量增加以及机件损坏。轻微爆燃是允许的,但强烈爆燃对发动机是很有害的。

3)做功行程(图1-6)

做功行程包括燃烧过程和膨胀过程,在这一行程中,进气门和排气门仍然保持关闭。当活塞位于压缩行程接近上止点(即点火提前角)位置时,火花塞产生电火花点燃可燃混合气,可燃混合气燃烧后放出大量的热使汽缸内气体温度和压力急剧升高,最高压力可达3 ~ 5MPa,最高温度可达1930 ~ 2530℃,高温高压气体膨胀,推动活塞从上止点向下止点运动,通过连杆使曲轴旋转并输出机械功。这些机械功除了用于维持发动机本身继续运转外,其余用于对外做功。随着活塞向下运动,汽缸内容积增加,气体压力和温度降低,当活塞运动到下止点时,做功行程结束,气体压力降低到0.3 ~ 0.5MPa,气体温度降低到1000 ~ 1330℃。

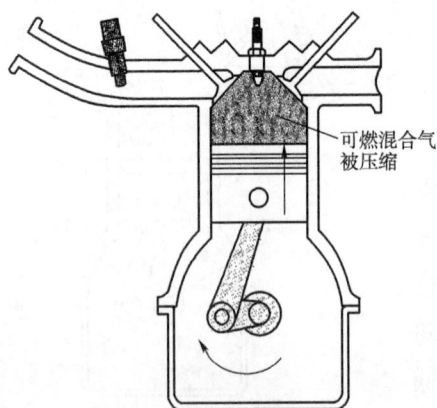

图1-5 压缩行程

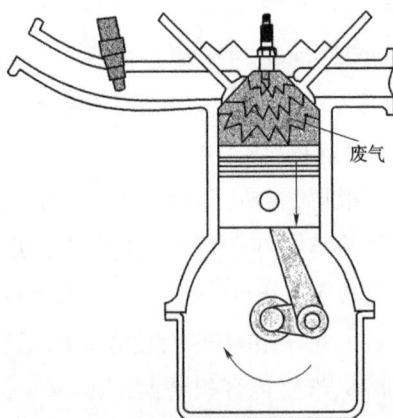

图1-6 做功行程

4）排气行程（图1-7）

可燃混合气在汽缸内燃烧后生成的废气必须
从汽缸中排出以便进行下一个进气行程。当做功
接近终了时，排气门开启，进气门仍然关闭，靠废气
的压力先进行自由排气，当活塞到达下止点再向上
止点运动时，继续把废气强制排放到大气中，活塞
越过上止点后，排气门关闭，排气行程结束。实际
汽油机的排气行程也是排气门提前打开，延迟关
闭，以便排出更多的废气。由于燃烧室容积的存
在，不可能将废气全部排出汽缸。受排气阻力的影
响，排气终止时，气体压力仍高于大气压力，为
0.105～0.115MPa，温度为630～930℃。

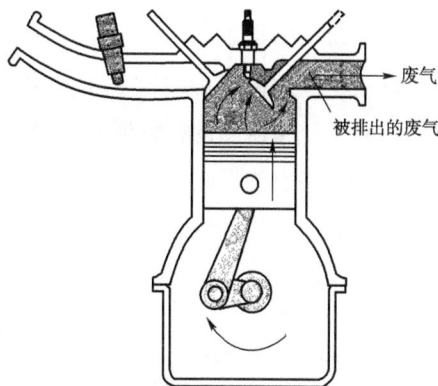

图1-7　排气行程

曲轴继续旋转，活塞从上止点向下止点运动，又开始下一个新的循环过程。四冲程汽
油机经过进气、压缩、做功、排气4个行程完成1个工作循环，这期间活塞在上、下止点往复
运动了4个行程，曲轴旋转了2圈。

四冲程柴油机和四冲程汽油机的工作过程相同，每1个工作循环同样包括进气、压缩、
做功和排气4个行程，但由于柴油机使用的燃料是柴油，柴油与汽油有较大的差别，柴油黏
度大，不易蒸发，自燃温度低，故可燃混合气的形成、着火方式、燃烧过程以及气体温度、压
力的变化都和汽油机不同，下面主要分析柴油机和汽油机在工作过程中的不同点。

四冲程柴油机在进气行程中所不同的是柴油机吸入汽缸的是纯空气而不是可燃混合
气，进气阻力小，进气终了时气体压力略高于汽油机，而气体温度略低于汽油机。进气终了
时气体压力为0.0785～0.0932MPa，气体温度为30～100℃。

柴油机压缩行程压缩的也是纯空气，在压缩行程接近上止点时，喷油器将高压柴油以
雾状喷入燃烧室，柴油和空气在汽缸内形成可燃混合气并被压缩着火燃烧。柴油机的压缩
比比汽油机的压缩比大很多（一般为16～22），压缩终了时气体温度和压力都比汽油机高，
大大超过了柴油的自燃温度。压缩终了时，气体压力为3.5～4.5MPa，气体温度为470～
730℃，柴油机是压缩后自燃着火的，不需要点火装置，故柴油机又称为压燃机。

柴油喷入汽缸后，在很短的时间内与空气混合后便立即着火燃烧，柴油机的可燃混合
气是在汽缸内部形成的，柴油机燃烧过程中汽缸内出现的最高压力要比汽油机高得多，可
达6～9MPa，最高温度也可达1730～2230℃。做功终了时，气体压力为0.2～0.4MPa，气体
温度为930～1230℃。

柴油机的排气行程和汽油机一样，废气同样经排气管排到大气中去，排气终了时，汽缸
内气体压力为0.105～0.125MPa，气体温度为530～730℃。

柴油机与汽油机比较，柴油机的压缩比高，热效率高，燃油消耗率低，同时柴油价格较

低,因此,柴油机的燃料经济性能好,而且柴油机的排气污染少,排放性能较好。但它的主要缺点是转速低、质量大、噪声大、振动大、制造和维修费用高。

4.发动机的组成

发动机的结构形式多种多样,构造也千差万别,但由于基本原理相同,所以基本结构也大体相同。汽车使用的往复活塞式汽油发动机由两大机构和五大系统组成,即曲柄连杆机构、配气机构、燃油供给系统、冷却系统、润滑系统、起动系统和点火系统。

想一想

柴油发动机由哪几部分组成?

5.发动机的总体结构认识

1)汽油机的总体结构认识

汽油机两大机构五大系统的主要零部件在发动机上的位置分布,如图1-8和图1-9所示。

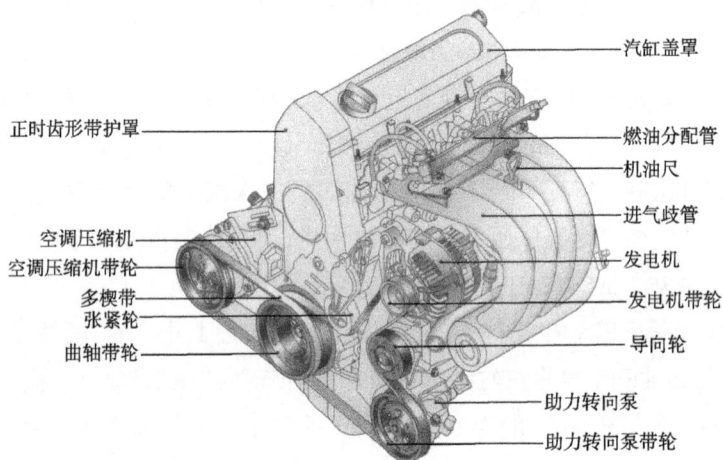

正时齿形带护罩

空调压缩机
空调压缩机带轮
多楔带
张紧轮
曲轴带轮

汽缸盖罩
燃油分配管
机油尺
进气歧管
发电机
发电机带轮
导向轮
助力转向泵
助力转向泵带轮

图1-8　发动机外形结构图

2)柴油机的总体结构认识

以依维柯汽车发动机为例,柴油机各零部件在发动机上的总体布置,如图1-10所示。

6.工作安全

1)安全防护

个人安全就是保护自己免受伤害,包括使用防护装置、穿戴安全和正确使用工具及设备。

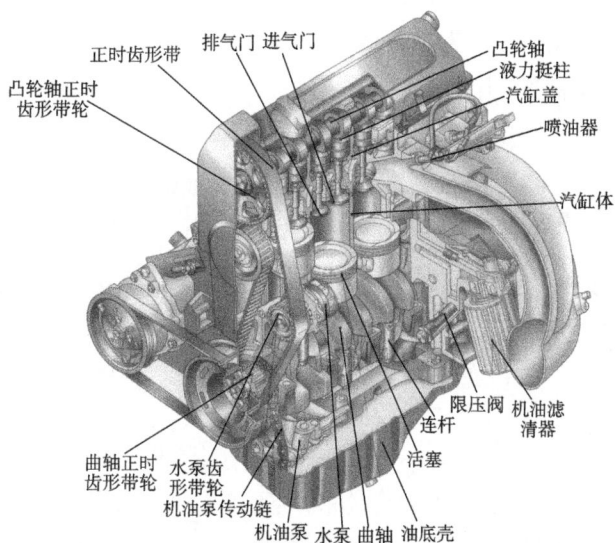

图1-9　发动机纵剖视图

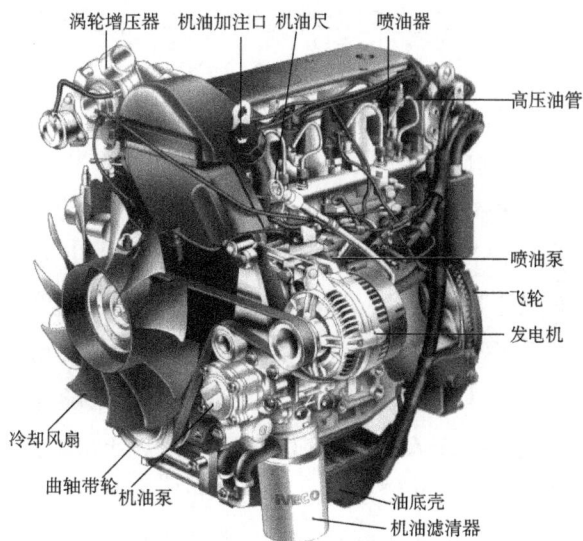

图1-10　柴油发动机的总体构造

（1）眼睛保护：当工作环境存在损伤眼睛的风险时，就要戴上安全眼镜，如图1-11所示。安全眼镜的镜片要用安全玻璃制成，还要对眼部侧面进行防护，普通眼镜不能作为安全眼镜使用。例如磨气门时，就应该带安全眼镜，防止金属颗粒进入眼睛。

（2）耳朵保护：在噪声级很高的场合停留时间过长，会导致听力丧失。经常在有噪声的环境里工作，应该戴上耳罩（图1-12）或耳塞。

(3)呼吸系统保护:经常在有毒化学气体的环境中维修汽车,不论是暴露在有毒气体中还是过量尘埃中,都要戴上呼吸器或呼吸面罩,如图1-13所示。用清洗剂清洗零部件或喷漆时,需要戴上呼吸面罩进行作业。

| 图1-11 安全眼镜 | 图1-12 防噪声耳罩 | 图1-13 呼吸面罩 |

(4)服装:工作时穿的服装不但要合体舒适,还要结实。宽松的服装很容易被运动的零件和机器挂住;不要系领带;不要将工作服套在自己的衣服外面;衣服兜里不能揣尖锐物品;腰带要采用无带扣的,腰带上不能挂尖锐物品,如钥匙等。

(5)鞋:维修汽车时重物有可能意外掉落砸到脚上,所以要穿用皮革或类似材料做成的并具有防滑底的鞋或靴子,铁头安全鞋可以增强对脚的保护,运动鞋、休闲鞋和凉拖鞋都不适合在车间穿。

(6)头发和配饰:蓬松的长发和悬挂的饰物很容易被运动的机器挂住引发事故。如果头发很长,工作时就应该将其扎在脑后或者塞到帽子里。

(7)手套:维修人员常常忽视对手的保护,戴手套不仅可以保护手,避免损伤手,防止通过手染上疾病,也可以使手保持干净。有多种不同的手套可以供选择。进行磨削、焊接作业或拿高温物件时,应该戴上厚手套;在处理强腐蚀性或危险性化学物品时,应该戴上防化手套;戴上乳胶手套和橡胶手套可以防止油污沾到指甲上,以预防疾病。

(8)举升和搬运:如图1-14所示,掌握举升和搬运重物的正确方法非常重要,举升和搬运重物时,要采取保护措施。一个人举升或搬运时,只能举升和搬运那些在个人能力范围内的重物,如果不能准确判断举升和搬运物品的尺寸和质量时,应该找人帮忙。体积很小、很紧凑的零部件有时也会很重,或者不好平衡。在举升和搬运物品前先要考虑如何进行恰当地举升和搬运。

2)职业行为

通过简单的职业行为方式就能预防事故发生。在修理车间工作时,应该遵守的一些注意事项如下:

(1)维修汽车或使用车间的设备时不能吸烟。

(2)为了预防烧伤,应远离高温金属零件,如散热器、排气歧管。

(3)在散热器周围进行作业时,先将发动机冷却风扇电路断开,防止风扇转动伤人。

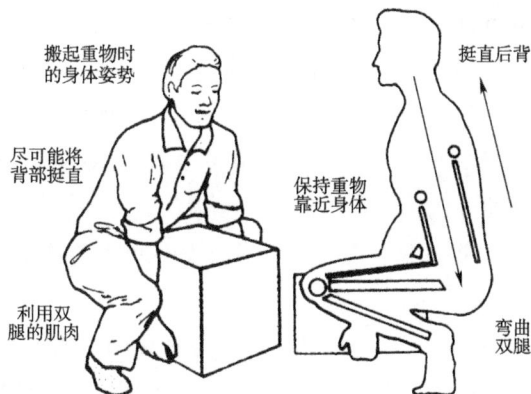

图1-14　举升和搬运重物

（4）维修液压系统时，先将液压系统内的压力以安全方式释放掉。

（5）保管好所有的配件和工具，将它们放在不会绊倒人的地方。

3）工作场地安全

工作场地要保持干净和安全，地面和工作台面要保持清洁、干燥和有序。当地面有机油、冷却液或润滑脂时，会变得很滑，人滑倒后可能会受伤，因此，要及时清除油污；地面有水也会变滑，而且很容易导电，因此，还要保持地面干燥。机器周围的作业区域要足够大，保证能够安全地操作机器。

汽油是一种易燃的挥发性液体，一定要将汽油和柴油装在安全油箱中，不要用汽油擦洗手和工具，存储间应当通风良好。从大容器倒出易燃物品时，要格外小心，静电产生的火花能够引起爆炸。用过的溶剂容器要及时丢弃或清理，沾油的抹布也要存放在符合标准的金属容器中。维修汽车电气系统或进行焊接作业之前，要断开汽车蓄电池，预防电气系统着火。

要了解车间里所有灭火器的放置地点及其适用的火险类别，在灭火器标签上都清楚地标有灭火器的类型及其适用的火险类别，要了解灭火器的使用方法（图1-15）。

1.拔出保险销　　2.按下压把　　3.对准火焰根部扫射

图1-15　灭火器的使用方法

4）废弃物处理

修理厂使用的某些材料属于危险品，在车间里，所有人都必须阅读并理解使用溶剂和其他化工产品的警告和注意事项。

（1）机油：机油应该回收，回收时除非机油回收者允许，一般不要将其他废物混入废机油中。

（2）蓄电池：报废蓄电池要由回收站或经销商回收。蓄电池应存储在不漏水、抗酸的容器中，要避免蓄电池壳体破裂和电解液泄漏。电解液泄漏后，将发酵粉（碳酸氢钠）或石灰撒在泄漏的电解液上，让它们进行中和反应，然后清理掉所有的有害物质。

（3）金属屑：加工金属零件时所产生的金属屑需要收集，如果可能，要进行分离和回收，不要让金属屑落入下水道中。

（4）制冷剂：维修汽车空调和制冷设备时，要回收并利用制冷剂，不允许将制冷剂直接排放到大气中。

（5）废弃物的存放：一定要将有害废弃物从一般废弃物中分离出来，密封在符合要求的容器中，并做好标记，再存放在有遮盖的地方。其他废弃物要分清是固体还是液体，是金属还是橡胶或是其他材料，也就是各种物质尽量分门别类地区分存储，然后进行再利用或适当处置。

7. 发动机拆装工具认识

工具分为通用工具和专用工具两大类。通用工具指可普遍使用于各行各业同类作业的工具，如扳手可用于各行业同类螺栓的拆装。专用工具指为某一专项作业特别设计的工具，如汽车火花塞套筒，只能用于火花塞拆装。

1）通用工具

通用工具有扳手、螺丝刀、钳子、手锤等。

（1）扳手用以紧固或拆卸带有棱边的螺母和螺栓，常用的扳手有开口扳手（图1-16）、梅花扳手（图1-17）、套筒扳手、活动扳手、扭力扳手等。

套筒扳手（图1-18）除了具有一般扳手的用途外，特别适用于旋转部位很狭小或隐蔽较深处的六角螺母和螺栓。

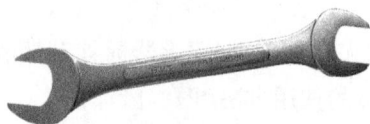

图1-16　开口扳手

图1-17　梅花扳手

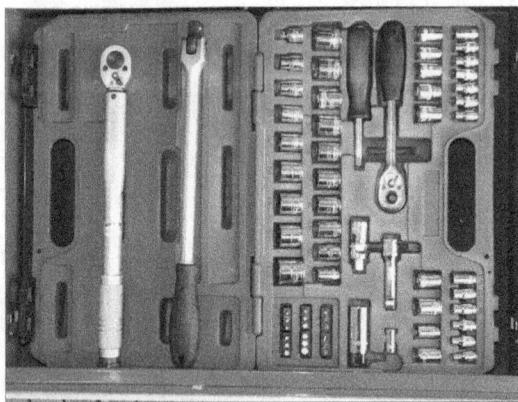

图1-18　套筒扳手套件

活动扳手（图1-19）的开口宽度可调节，能在一定范围内变动尺寸。其优点是遇到尺寸不规则的螺母或螺栓时，更能发挥作用；缺点是易损坏螺母的棱角。

扭力扳手（图1-20）是在拧紧螺栓过程中能同时显示拧紧力矩的工具。

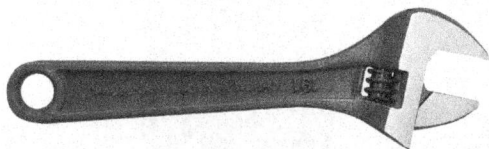

图1-19　活动扳手

指针式扭力扳手

数字式扭力扳手

图1-20　扭力扳手

（2）螺丝刀（俗称起子）用于拆卸和更换螺钉。根据头部的形状分为一字头螺丝刀（图1-21）和十字头螺丝刀（图1-22）。

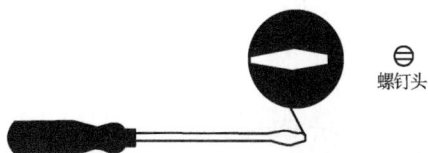

螺钉头

图1-21　一字头螺丝刀

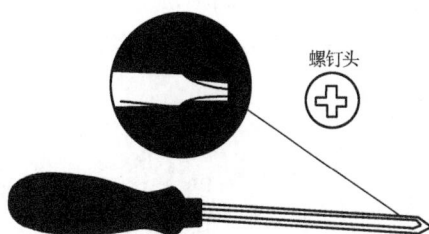

螺钉头

图1-22　十字头螺丝刀

（3）钳子用于在狭小空间里的操作或夹紧小零件，还可以用来切断细导线或剥掉绝缘层，常用的有鲤鱼钳、钢丝钳和尖嘴钳等，如图1-23所示。

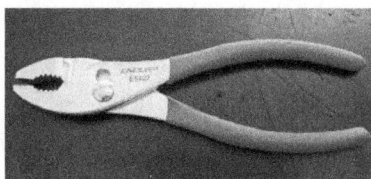

a)鲤鱼钳

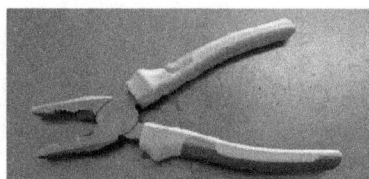

b)钢丝钳

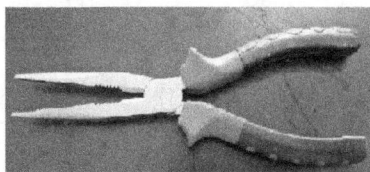

c)尖嘴钳

图1-23　钳子

（4）手锤也叫榔头，有木榔头、橡胶榔头和铁榔头，通过敲击拆卸或更换零件，其结构如图1-24所示。

a)木榔头　　　　　b)橡胶榔头　　　　　　c)铁榔头

图 1-24　手锤

2)专用工具

(1)卡环拆装钳用于拆装轴承等零件轴向定位用的弹性卡簧,拆装不同的卡环应使用不同的卡环拆装钳,如图 1-25 所示。

(2)火花塞套筒有内六角、筒式结构,筒身上加工有手柄穿入孔,用于拆装火花塞,如图 1-26 所示。

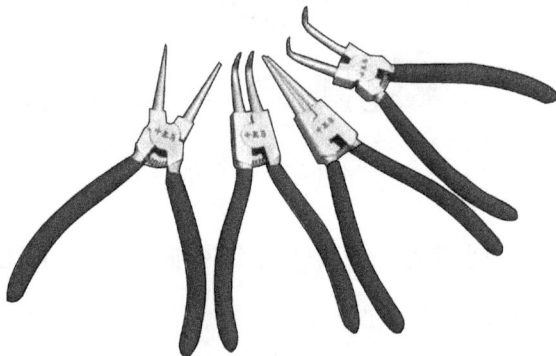

图 1-25　卡环拆装钳

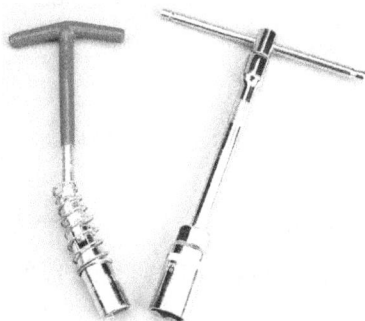

图 1-26　火花塞套筒

(3)活塞环拆装钳用于拆装活塞环,其结构如图 1-27 所示。

(4)活塞环卡箍用于将箍紧活塞环的活塞装入汽缸体内,其结构如图 1-28 所示。

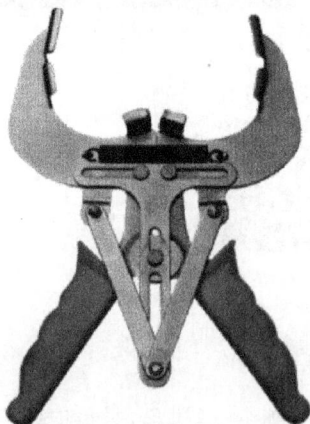

图 1-27　活塞环拆装钳

图 1-28　活塞环卡箍

（5）气门拆装钳用于拆装气门时压缩气门弹簧,其结构如图 1-29 所示。

图 1-29　气门拆装钳

（6）拉器用于拆卸过盈配合安装在轴上的齿轮或轴承等。常用的拉器为手动式,在一杆式弓形叉上装有压力螺杆和拉爪,其结构如图 1-30 所示。

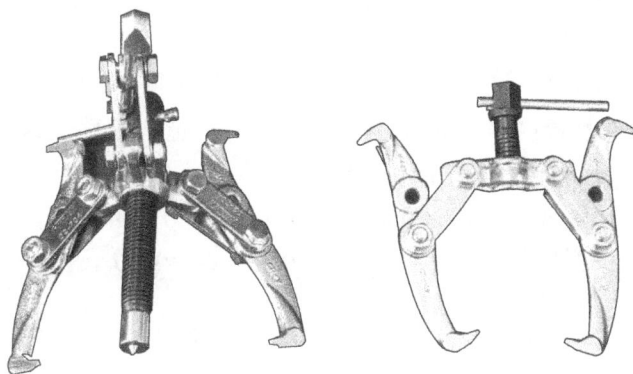

图 1-30　拉器

二、实 践 操 作

1. 实践准备

（1）工具准备:工具车、工具箱、工件盘、清洁工具、专用工具等。

（2）材料准备:拆装工具实验板、工作页工单等。

（3）及时清理操作工位的污物。

2. 注意事项

（1）防止擦伤零件结合端面,如不当的敲击和放置等。

（2）注意每个零件的安装位置和摆放顺序。

（3）拆卸下来的零件要合理地进行摆放。

（4）合理规范地使用工具。

①不可任意代用:如螺丝刀不可当撬棒、凿子;钳子不可代替扳手;扳手、钳子不可代替手锤。

②不可以大代小:不可用大活动扳手拧小螺栓;禁用大规格手锤锤击脆性机件。

③使用前要做安全检查:工具表面不得有油污;锤头不得松动;如进行电器操作,要保

证钢丝钳、尖嘴钳等有绝缘柄的工具绝缘层耐压值为500V。

④持握工具手势要正确,操作规范,放置有序。

3. 作业准备

(1)进入工位前,将工位清理干净,准备好相关的器材。

(2)操作人员个人安全防护用品要穿戴整齐、使用正确。

(3)外观检查有无损坏,做好记录。

(4)从工作页上确认操作内容,准备操作。

4. 工具使用练习

1)扳手的使用练习

(1)开口扳手的使用练习。

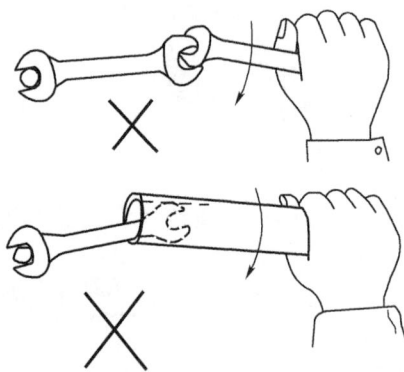

不能用套筒扳手或梅花扳手拆除或更换螺栓、螺母时,可使用开口扳手。使用开口扳手时,要将开口与螺栓(螺母)贴紧,防止扳手滑出,造成零件的损伤或人身的伤害,如图1-31所示。避免如图1-32所示的错误操作。

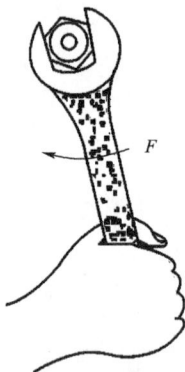

图1-31 开口扳手的使用练习   图1-32 开口扳手的不正确使用

(2)梅花扳手的使用练习。

使用梅花扳手即使施加较大的力量,也不会损伤螺栓棱角,使用扳手的一般姿势是向自己身前旋转,如图1-33所示。如果推动则难于控制力量,还容易在工具滑脱时造成受伤。

图1-33 梅花扳手的使用练习

（3）套筒扳手的使用。

在使用套筒时，套筒的连接头要与接杆的连接头相配套。要在某些拐弯处使用万向接头时，万向接头转角不能超过 45°。在平面拧动螺栓时要使用接杆，但不能用手直接扳动接杆。

小提示

扳手不能提供较大力矩，因此，不能用于重要螺栓的最终拧紧。不能在扳手柄上随意接加长套管，这会造成超大力矩以致损坏零件。

（4）活动扳手的使用练习。

活动扳手的开口宽度可调节，能在一定范围内变动尺寸。当螺栓小而扳手大时，极易损坏螺栓，此时应避免使用活动扳手。使用时根据螺栓的大小，调节活动扳手的尺寸，调节至与螺栓无间隙即可。注意活动扳手不可反拧，如图 1-34 所示。

（5）扭力扳手的使用练习。

拧紧螺栓过程中注意拧紧力矩的大小，如图 1-35 所示。

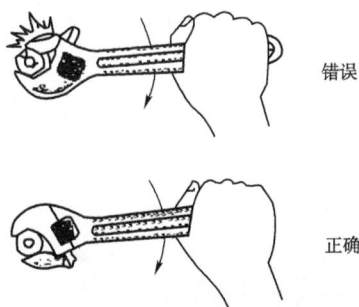

错误

正确

图 1-34　活动扳手的使用练习

图 1-35　扭力扳手的使用练习

2）螺丝刀（起子）的使用练习

一般情况下，使用螺丝刀时应按照"7 分压、3 分旋转"的比例施加作用力，如图 1-36 所示。对特别紧的小螺钉，应单手压住螺丝刀，另一只手旋转拧动，如图 1-37 所示。特别要注意避免螺丝刀在螺钉头部打滑。

在拧较深位置的小螺钉时，不得不将螺丝刀倾斜，但若有滑动则会造成螺钉头部损坏，如图 1-38 所示，因此尽量不倾斜使用。如是一字槽螺钉，因螺钉与螺丝刀容易滑脱，应用指尖扶持对准，避免端部滑脱，然后均匀旋转，如图 1-39 所示。

应选择与沟槽和间隙相配合的工具旋拧。如果选错尺寸会损坏螺钉导致无法旋转，如图 1-40 所示。

图1-36 一般情况下

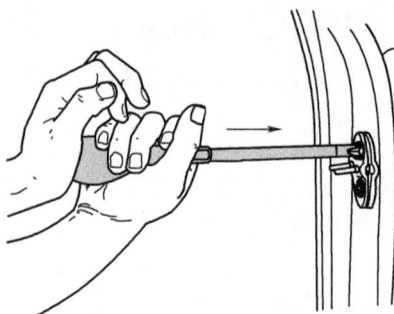

图1-37 需要强力旋转时

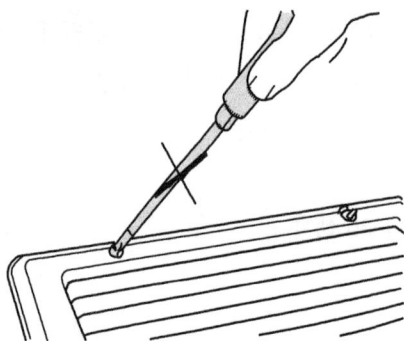

图1-38 不要倾斜使用

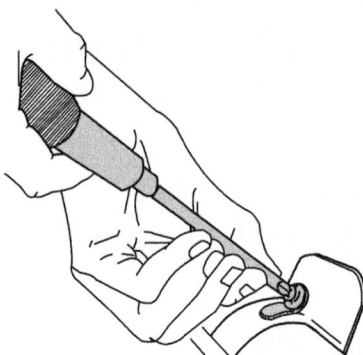

图1-39 一字槽

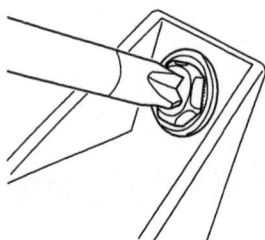

a) 匹配使用

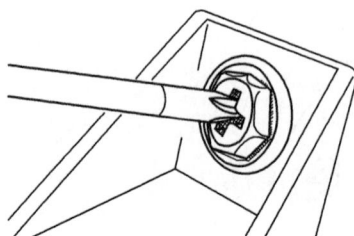

b) 不匹配使用

图1-40 配合螺钉类型和尺寸使用练习

3）钳子的使用练习

尖嘴钳的头部夹口用来夹持细小零件，但夹紧的力不能过大，否则，会使夹口变成喇叭形。尖嘴钳后部的刀口用来切断电线或拨开电线的表皮。

鲤鱼钳使用时，要根据被夹物的大小来选择夹口的大小。它的切口可以切断细铅丝，在夹持油管时，要用胶布包裹以免伤害其表面，使用时用手握住钳柄后端，使钳口开闭、夹紧，钳口宽度有两挡调节位置，如图1-41所示。

4）手锤的使用练习

用手锤前应检查手柄是否松动，以免锤头松脱发生意外。手锤的握法如图 1-42 所示，正确握锤手势为用右手的食指、中指、无名指和小指紧握锤柄。大拇指贴在食指上，手要握在锤柄后端，且松紧适度。锤击时先举起手锤，眼视工作物，然后快速击下，要使锤头平击在工作物上。

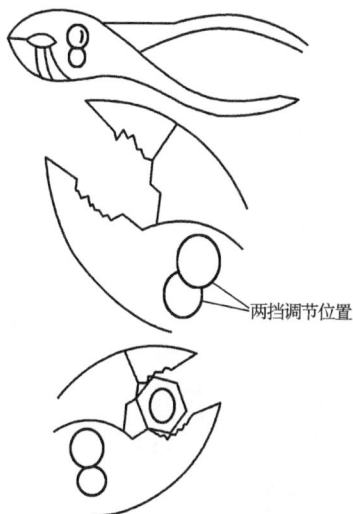

图 1-41　钳子的使用练习

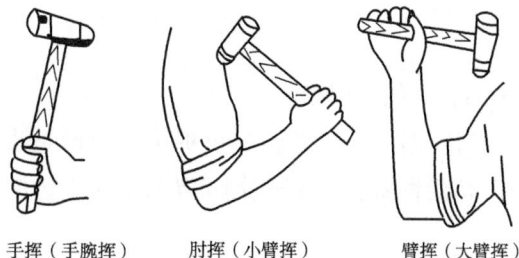

图 1-42　手锤的正确使用

5）活塞环拆装钳的使用练习

将活塞环拆装钳上的环卡卡住活塞环开口，握住手把稍稍均匀地用力，使活塞环拆装钳手把慢慢地收缩，环卡将活塞环徐徐地张开，使活塞环能从活塞环槽中取出或装入，如图 1-43 所示。使用活塞环拆装钳拆装活塞环时，用力必须均匀，避免用力过猛而导致活塞环折断，同时避免伤手事故。

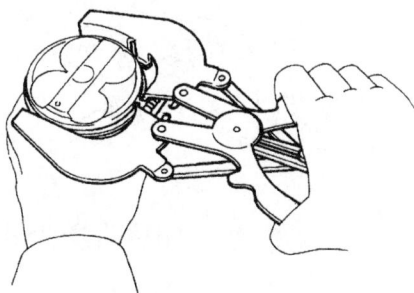

6）活塞环卡箍的使用练习

图 1-43　活塞环拆装钳的使用练习

在安装活塞连杆组时，扳动扳手使张紧器张紧，卡箍压缩活塞环，将活塞连杆组装入汽缸。

7）卡环拆装钳的使用练习

拆装不同的卡环，应使用不同的卡环拆装钳，其具体使用方法如图 1-44 所示。

8）气门拆装钳的使用练习

将气门拆装钳的托架抵住气门，压环对正气门弹簧座，然后压下手柄，使得气门弹簧被压缩，这时可取下气门弹簧锁销或锁片，慢慢地松抬手柄，即可取出气门弹簧座、气门弹簧和气门等，如图 1-45 所示。

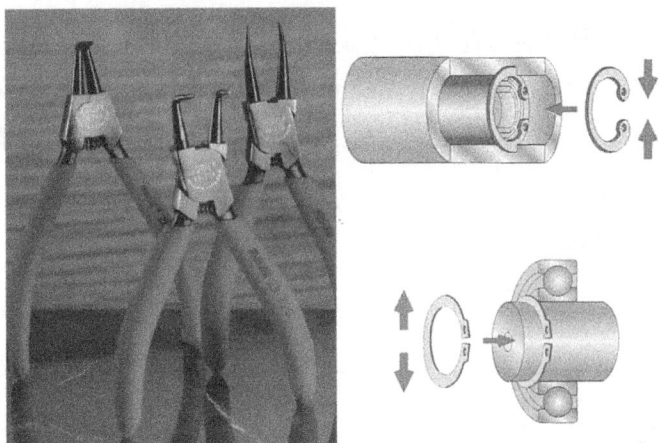

图1-44　卡环拆装钳的使用练习

9)拉器的使用练习

使用拉器时,用拉器的拉爪拉住齿轮或轴承等零件,在轴端与压力螺杆顶尖之间垫一垫板,然后拧紧压力螺杆,即可从轴上拉下齿轮等过盈配合的零件,如图1-46所示。

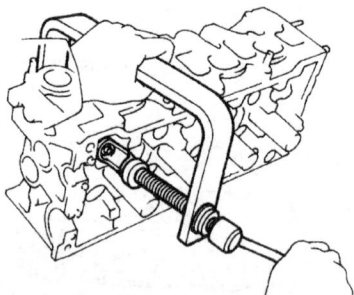

图1-45　气门拆装钳的使用练习

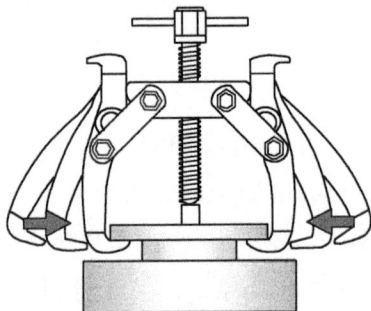

图1-46　拉器的使用练习

5. 发动机吊卸操作步骤

(1)汽车进入工位前,将工位清理干净,准备好相关的器材。

(2)将汽车停驻在举升机中央位置。

(3)拉紧驻车制动器操纵杆,并将变速杆置于空挡或驻车挡位置。

(4)套上转向盘护套、变速杆手柄套和座位套,铺设脚垫。

(5)在车内拉动发动机舱盖手柄,在车外打开并支撑发动机舱盖。

(6)粘贴翼子板磁力护裙。

(7)释放燃油管内的压力。拔下燃油泵继电器,起动发动机维持怠速运转直到发动机自行停止运行,关闭点火开关。如直接拆开带燃油压力的燃油管是非常危险的,因为燃油将喷射而出并可能造成火灾(图1-47)。

(8)拆开蓄电池电缆以前,将 ECU 等电子元件中存储的信息记录下来。

(9)先拆开蓄电池负极电缆再拆卸正极电缆,然后拆卸蓄电池卡箍,取下蓄电池,最后拆下蓄电池支架(图 1-48)。

图 1-47　有压力时拆卸燃油管

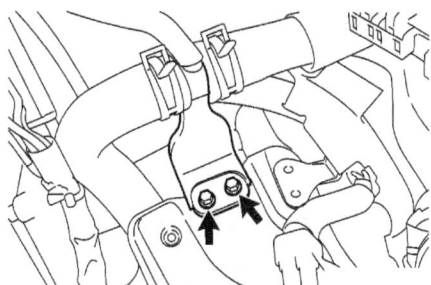

图 1-48　拆卸蓄电池支架

(10)打开散热器盖,松开散热器下水管夹箍,拔下散热器的下水管,放出冷却液。

小提示

在发动机热机时,拆卸散热器盖很危险,因为冷却液会喷射而出。因此,拆卸散热器盖以前,应当等发动机充分冷却下来;如果冷却液与车身接触,车身便会褪色,所以冷却液溅到车身后应立即用水冲洗。

(11)压下连接器闭锁装置,拆开连接器和线束(图 1-49)。发动机有很多连接器,比如传感器连接器、开关连接器和执行器连接件,这些连接器都与发动机线束相连。从发动机 ECU 和发动机室接线盒上的接头拆开发动机线束,以便尽量减少拆开次数。

(12)拆下制动助力器软管。拆下散热器软管,拆下加热器软管,如图 1-50 所示,拆卸后及时用布堵住每一个孔,防止异物进入。拆下空气滤清器,再拆下空气滤清器软管,拆卸后用布或者胶带将进气口盖住,防止异物进入节气门体。拆下其他与发动机相连接的软管和真空管。

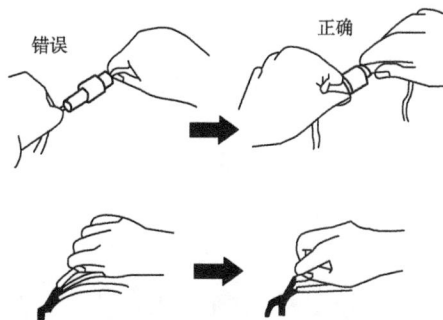

图 1-49　断开连接器和线束

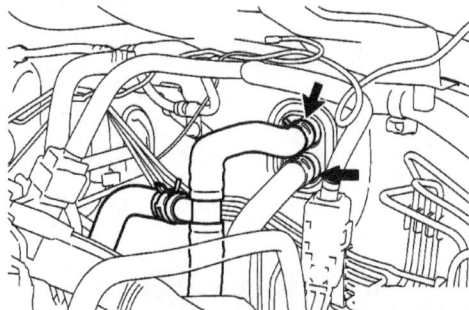

图 1-50　拔下汽缸盖上的冷却液软管

(13)拆卸燃油管(图1-51)。应使用一块布盖住接头后再将其拆卸,拆卸之后用塑料袋或胶带盖住管道,防止燃油泄漏和异物进入。

(14)拆下前轮,拆下发动机底罩,排空手动变速器油,断开变速器控制拉索总成(图1-52)。

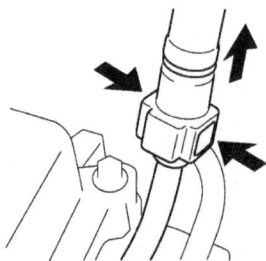

图1-51　拆卸供油管

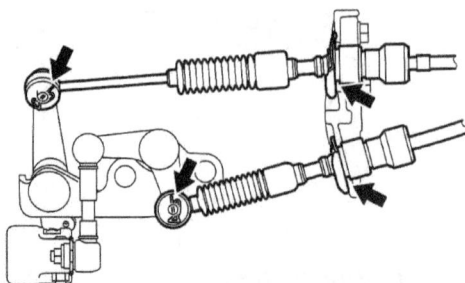

图1-52　断开变速器控制拉索

(15)用专用工具拆卸张紧轮,松开传动带,从发电机上取下传动带,拆下发电机总成。

(16)拆卸空调压缩机,为避免管道变形,使用一根绳子将空调器压缩机固定在车架上,不要悬挂在制冷剂管道上。

(17)拆卸转向助力泵,拆卸后固定在车架上,不需要将动力转向管从转向助力泵上拆开。

(18)拆卸散热器,拆卸排气管。

(19)断开发动机控制单元的连接线束(图1-53)。

(20)拆卸换挡杆及选挡拉线。换挡杆拆卸后要用布等将其盖住,以保持车内清洁。变速器也应用布盖住,以免异物从换挡杆的连接处进入。

(21)在传动轴连接处做好装合标记,以确保安装时的对应位置关系,拆卸传动轴(图1-54)。

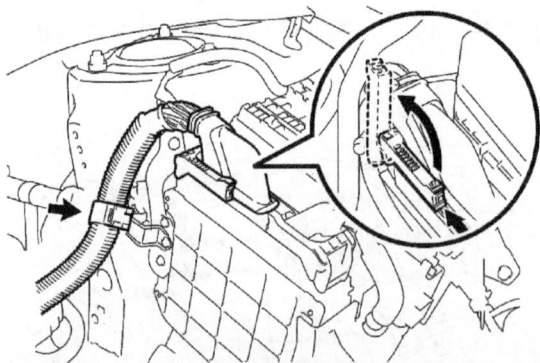

图1-53　断开发动机控制单元的线束

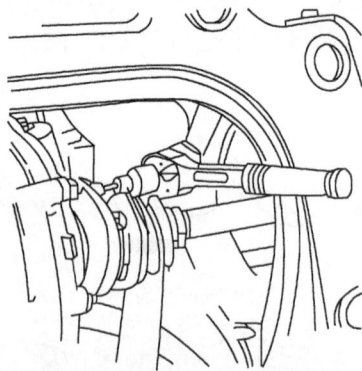

图1-54　拆卸传动轴

(22)将发动机托架升起至刚碰到油底壳为止,使发动机托架附件支撑发动机油底壳、驱动桥和悬架梁。拆卸所有发动机与车身连接螺栓。拆卸悬架梁安装螺栓。

（23）将发动机、驱动桥、悬架梁等作为一个整体从车上拆卸（图1-55）。

（24）在发动机吊耳上安装发动机吊索装置。将链条滑车连接到发动机吊索装置上以后再将其提升，直至有轻微张紧力施加到两根链条上，并使两条链条上施加的张紧力均匀，然后小心地将发动机吊离。

（25）拆下翼子板磁力护裙，关闭发动机舱盖。

（26）清理器材，清洁地面卫生。

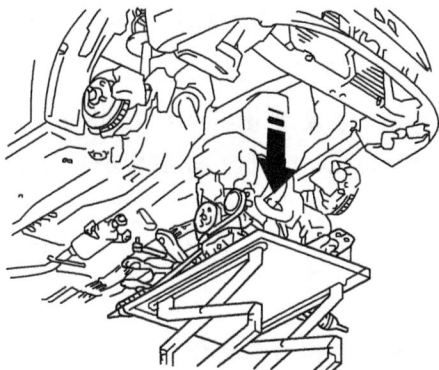

图1-55　卸下发动机总成

三、学习拓展

1. 发动机的装配

装配是将零件按照一定的顺序和要求相互连接组成部件、总成和整车的过程。

发动机是一台复杂的机器，由许多零件组成，零件与零件的组成按其功用可分为合件、组合件、部件等装配单元。这些装配单元各自具有一定的作用，它们之间还有一定的配合关系。发动机装配就是将所有这些装配单元按照一定的技术要求和顺序组合起来，构成一台完整的发动机。

装配是发动机生产或修理的后备阶段。良好的装配质量，能保证发动机的动力性和经济性，保证发动机能正常安全可靠的运行。

影响发动机装配质量的因素：配合件的配合精度；配合件或组合件的位置精度；零部件正确的安装顺序。

2. 发动机缸内直喷技术

传统的汽油发动机利用喷油器将汽油喷入进气歧管。汽油同空气的混合情况受进气气流和气门开关的影响较大，并且微小的油颗粒会吸附在管道壁上。近年来汽车生产商大多采用喷油器将燃油直接喷入汽缸的新技术。

发动机缸内直喷（图1-56）是将喷油器安装于汽缸内，直接将燃油喷入汽缸与空气混合。燃油喷射压力进一步提高，从而使燃油雾化更加良好，实

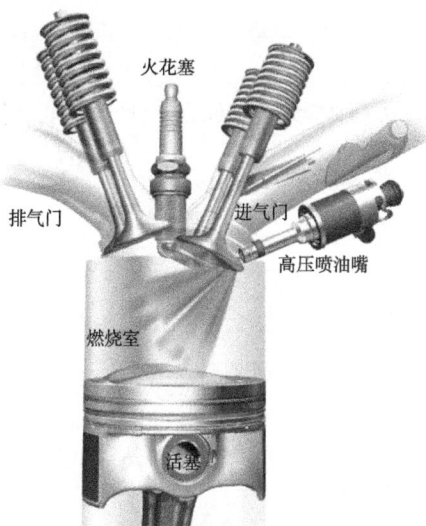

图1-56　发动机缸内直喷

现了燃油与空气充分地混合,消除了缸外喷射的缺点。由于喷油器位置、喷雾形状、进气气流控制以及活塞顶部形状等特别的设计,燃油与空气在整个汽缸内能够充分、均匀的混合,从而使燃油充分燃烧,能量转化效率更高。发动机缸内直喷技术已经广泛应用在大众、宝马、梅赛德斯—奔驰、通用以及丰田等车系上,各厂商缸内直喷技术英文缩写分别为:TSI(大众),TFSI(奥迪),CGI(奔驰),GDI(宝马),SIDI(通用),GDI(福特)。

四、评价与反馈

1. 自我评价与反馈

(1)你能否主动完成工作现场的清洁和整理工作?(　　)

  A. 主动完成　　　　　B. 被动完成　　　　　C. 未完成

(2)完成本学习任务后,你对发动机常用拆装工具的使用是否快速和规范?(　　)

  A. 快速规范　　　　　B. 规范但不熟练　　　　　C. 不会使用

(3)你能否正确规范地使用发动机的专用拆装工具?(　　)

  A. 能够完整规范地使用　　　B. 能够但不规范　　　　C. 不能使用

(4)汽车发动机的总体构造由哪几部分组成?

_____

_____

(5)柴油发动机的总体构造由哪几部分组成?

_____

_____

(6)你在发动机整体认识以及常用工具的使用练习过程中遇到的困难是什么?你是怎样解决的?

_____

_____

签名:_____　_____年_____月_____日

2. 小组评价与反馈

(1)是否完成本学习任务的学习目标?(　　)

  A. 完成且效果好　　　B. 完成但效果不好　　　C. 未完成

(2)是否积极学习,不懂的是否积极向别人请教,是否积极帮助他人学习?(　　)

  A. 积极学习　　　　　　　　　　B. 积极请教

C.积极帮助他人 D.三者都不积极

(3)零件、工具与油污有没有落地,有无保持作业现场的整洁?(　　)

A.无掉地且场地整洁 B.有零件、工具掉地

C.有油污掉地 D.未保持作业现场的清洁

(4)实施过程中是否注意操作质量和有责任心?(　　)

A.注意质量,有责任心 B.不注意质量,有责任心

C.注意质量,无责任心 D.全无

(5)在操作过程中是否注意消除安全隐患,在有安全隐患时是否提示其他同学?(　　)

A.注意,提示 B.不注意,未提示

参与评价的同学签名:＿＿＿＿＿ ＿＿＿＿年＿＿＿＿月＿＿＿＿日

3.教师评价及答复

_____

_____

_____

教师签名:＿＿＿＿＿ ＿＿＿＿年＿＿＿＿月＿＿＿＿日

五、技能考核标准

序号	项目	操 作 内 容	规定分	评 分 标 准	得分
1	准备	清点工量具,整理工位	5分	酌情扣分	
2	常用拆装工具的认识与使用	扳手的认识与使用	5分	不能认识和使用扣5分	
		螺丝刀的认识与使用	5分	不能认识和使用扣5分	
		手锤的认识与使用	5分	不能认识和使用扣5分	
		钳子的认识与使用	5分	不能认识和使用扣5分	
		拉器的认识与使用	5分	不能认识和使用扣5分	
		套筒的认识与使用	5分	不能认识和使用扣5分	
		扭力扳手的认识与使用	5分	不能认识和使用扣5分	
		卡簧钳的认识与使用	5分	不能认识和使用扣5分	
3	发动机专用拆装工具的认识与使用	活塞环拆装钳的认识与使用	4分	不能认识扣4分	
		活塞环卡箍的认识与使用	4分	不能认识扣4分	
		气门拆装钳的认识与使用	4分	操作不当扣4分	
		火花塞套筒的认识与使用	4分	操作不当扣4分	
		机油滤清器扳手的认识与使用	4分	操作不当扣4分	

续上表

序号	项目	操作内容	规定分	评分标准	得分
4	完成时限	20min	5分	超时,扣1分/min; 超时5min以上扣5分	
5	回答问题	根据实际情况提问	10分	酌情扣分	
6	安全文明	无安全隐患,无不文明操作	10分	未达标扣1~10分	
7	结束	工量具清洗、归位 工作场地清洁	5分 5分	漏一项扣1~3分,未做扣5分 不彻底扣1~3分,未做扣5分	
	总分		100分		

注:发生重大安全事故得零分!

学习任务二 发动机进、排气系统构造与拆装

任务描述

一辆 2008 年款丰田卡罗拉 1.6GL 型手动挡轿车,搭载直列四缸电控发动机,使用过程中发动机动力严重不足,运转时发动机有刺耳的异响。经维修人员检查,初步判定该车发动机的进、排气系统出现了故障,需对进、排气系统进行拆装与检查。

一、理论知识准备

(一)进气系统的功用

发动机进气系统的作用是尽可能均匀地向各缸供给足够多的新鲜空气或可燃混合气,保证发动机连续运转。

(二)进气系统的组成

进气系统通常由空气滤清器、节气门体、进气歧管等部件组成,如图 2-1 所示。

1. 空气滤清器

空气滤清器的作用是滤除空气中的杂质,让清洁的空气进入汽缸。空气滤清器应具有

滤清效率高、气流流动阻力小、能长时间连续使用、维护方便等优点。

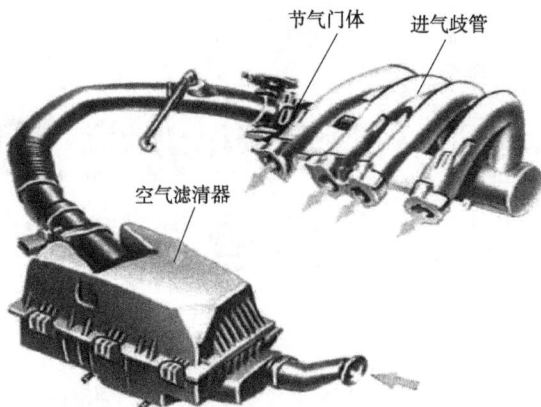

图2-1 进气系统示意图

　　汽车发动机大多数使用干式空气滤清器,它是由滤芯和滤清器外壳组成,如图2-2 所示。滤芯安装在滤清器外壳中,当空气经过空气滤清器滤芯时,空气中的尘埃、杂质颗粒将被过滤掉。空气滤清器滤芯是经处理的滤纸经折叠、模压等加工制成,如图2-3 所示。干式空气滤清器具有质量小、成本低、滤清效果好等优点。当车辆行驶到一定里程后,可将空气滤清器滤芯取出用压缩空气进行清洁。

图2-2 空气滤清器

图2-3 空气滤清器滤芯

2. 进气道

　　进气道是指从节气门到进气门之间的通道。为了各缸的进气量均匀,各缸的进气道长度应相等。为降低进气阻力,进气道弧线圆润,内壁光滑。

3. 进气歧管

　　汽车发动机的进气歧管通常使用塑料复合材料或铝合金制造,如图2-4 所示。进气歧管添加有谐振腔,可以提高发动机的充气效率,增加进气量,能降低进气噪声。有些发动机节气门体上连接有发动机冷却液管路,利用冷却液对进气与节气门体进行加热,有利于冬季时汽车起动。

4. 可变进气歧管

　　可变进气歧管(图2-5)通过改变进气歧管长度来适应发动机不同工况下的运行要求,

可变进气歧管工作原理如图2-6所示,当发动机中、低速运转时,在ECM控制下,旋转阀关闭,此时处于长进气道状态。当发动机高速运转时,在ECM控制下,旋转阀打开,此时处于短进气道状态。

图2-4　进气歧管

图2-5　可变进气歧管

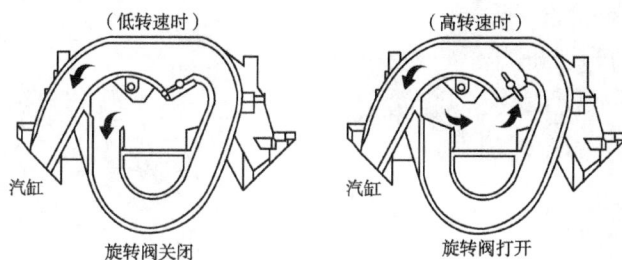

图2-6　可变进气歧管工作原理

(三)排气系统的功用

汽车排气系统是收集并且排放发动机废气的系统,防止有害气体进入驾驶室,降低发动机的排放污染,降低发动机废气排出时的噪声。

(四)排气系统的组成

排气系统由排气歧管、排气管、三元催化器、排气消声器等组成,如图2-7所示。

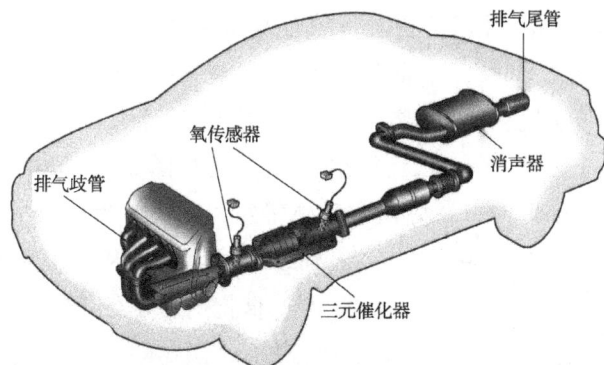

图2-7　排气系统的组成

1. 排气歧管

排气歧管将发动机各缸排出的废气引入排气管,如图2-8所示。排气歧管有铸铁制造和不锈钢制造两种类型。排气歧管要耐高温,内壁光滑,排气阻力小,为避免各缸排气相互干扰以及排气倒流现象,排气歧管尽量加长,各缸的排气歧管相互独立,长度相等。

2. 排气消声器

汽车排气消声器降低发动机的排气噪声,并使高温废气能安全有效地排出,如图2-9所示。随着排气门打开,高温高压的废气间歇性地排出,如果废气直接排入大气,将会产生强烈的高分贝噪声,当排出的废气经过排气消声器时降低排气噪声。按消声原理与结构可分为抗性消声器、阻性消声器和阻抗复合型消声器三种类型。

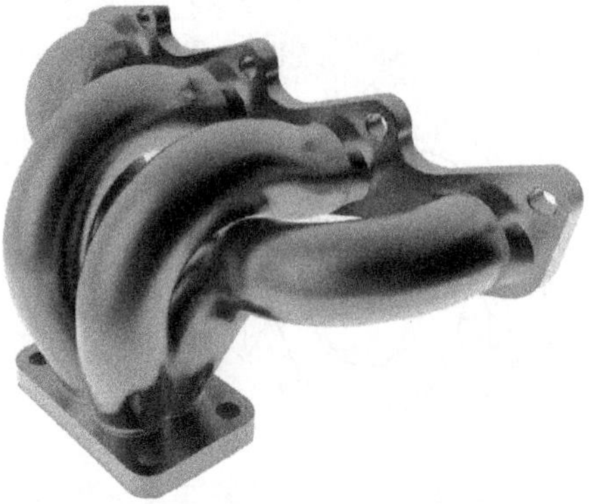

图2-8 排气歧管 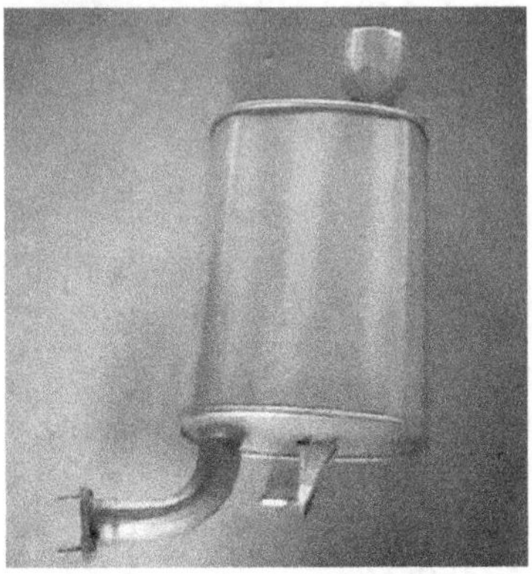   图2-9 排气消声器

为了达到车辆排气噪声有关标准,有些车辆还需在排气消声器前加装谐振器,进一步降低了排气噪声。由于排气消声器的温度较低,发动机排出的废气中的水蒸气容易在消声器内凝结成水,从而使消声器生锈,车辆在维护时需要检查排气消声器是否锈蚀,检查排气系统管路与车身之间的连接的可靠性。

3. 三元催化器

三元催化器是汽车排气系统中最重要的净化装置,可将汽车尾气排出的CO、HC和NO_x等有害气体通过氧化、还原作用转变为无害的CO_2、H_2O和N_2等,如图2-10所示。当高温的汽车尾气通过三元催化器时,三元催化器中的活性物质将促使CO、HC和NO_x等进行一定的化学反应,其中CO在高温下氧化成为无色、无毒的CO_2;HC化合物在高温下氧化成水CO_2和H_2O;NO_x还原成N_2和O_2。三元催化器工作原理如图2-11所示。

三元催化器由载体、催化剂、隔热层和壳体等组成。壳体为双层不锈钢板制成的。在双层不锈薄钢板夹层中装有绝热材料——石棉纤维毡。壳体内部为球形、多棱体形或网状隔板,载体一般为Al_2O_3,在隔板中间装有催化剂,催化剂主要有Pt(铂)、Pd(铑)、Rh(钯)等稀有金属。

车辆在维护时需要检查三元催化器,将车辆升起之后,检查三元催化器壳体是否有凹

28

陷,是否有裂纹,壳体上是否有异常的斑点与痕迹,如有需做进一步的检查。轻微敲击三元催化器,如有异常响声,需要更换三元催化器。检查三元催化器连接的可靠性。

图 2-10　三元催化器

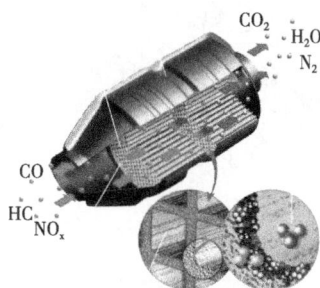

图 2-11　三元催化器工作原理

二、实 践 操 作

1. 实践准备

(1)工具准备:工具车、工具箱、收集盘等。

(2)材料准备:与该车型相符的密封件和维修手册等。

(3)及时清理发动机周围的污物。

2. 注意事项

(1)防止擦伤零件结合端面,如不当的敲击和放置等。

(2)注意每个零件的安装位置和摆放顺序。

(3)拆卸下来的零件要合理地进行摆放。

(4)合理规范地使用工具,注意拆装的安全。

3. 作业准备

(1)汽车进入工位前,将工位清理干净,准备好相关的器材。

(2)将汽车停驻在举升机中央位置。

(3)拉紧驻车制动器操纵杆,并将变速杆置于空挡位置。

(4)套上转向盘护套、变速杆手柄套和座位套、铺设脚垫。

(5)在车内拉动发动机舱盖手柄,在车外打开并支撑发动机舱盖。

(6)粘贴翼子板磁力护裙。

4. 拆装操作步骤

1)拆卸

(1)发动机采用电子控制燃油喷射系统,需先拆下蓄电池负极接线柱。

(2)拆下汽缸罩(图 2-12)。先压下闭锁装置,拉出空气流量传感器的连接器,如图 2-13所示。

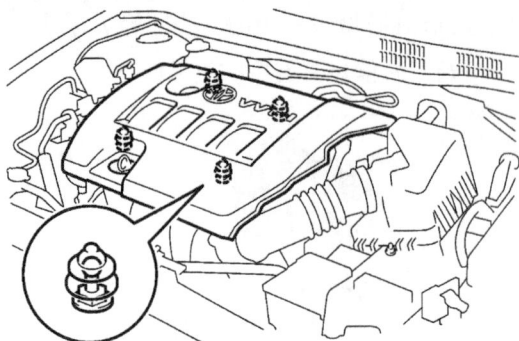

图2-12　拆下汽缸罩

图2-13　拉出空气流量计连接器

（3）将进气软管从空气滤清器上分离，如图2-14所示。

（4）打开空气滤清器盖，取出滤芯，拆下空气滤清器固定螺栓（图2-15），拆下空气滤清器总成。

图2-14　分离进气软管

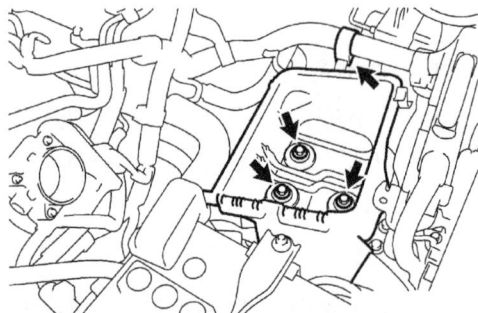

图2-15　拆下空气滤清器

（5）利用举升机可靠地举升汽车，如图2-16所示。

（6）拆下排气消声器与排气管的连接螺栓（图2-17），拆下排气消声器与车身连接挂钩（图2-18），将排气消声器拆下。

图2-16　举升汽车

图2-17　拆下排气消声器螺栓

（7）拆下氧传感器（图2-19），拆下三元催化器与排气歧管的国家标准螺栓（图2-20），拆下三元催化器与车身连接挂钩（图2-21），将三元催化器拆下。

图2-18　拆下排气消声器挂钩

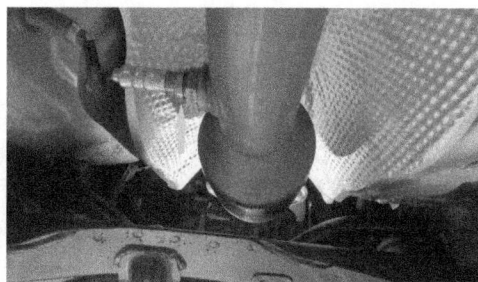

图2-19　拆下氧传感器

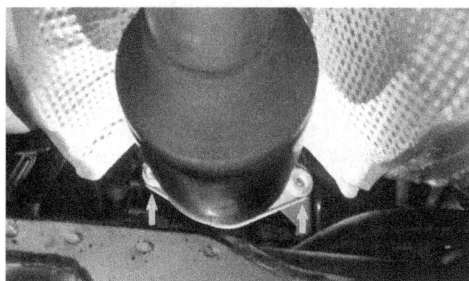

图2-20　拆下三元催化器螺栓

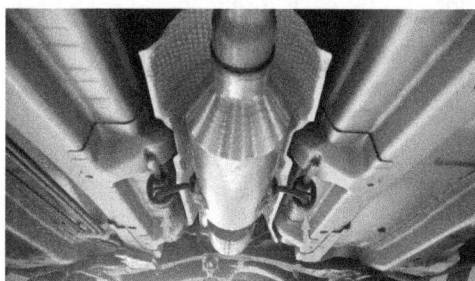

图2-21　拆下三元催化器挂钩

（8）拧松螺栓 B 和 C，拧松螺栓 A，拆卸传动带，如图2-22 所示。

（9）拆下发电机（图2-23）。

（10）拆下节气门体上旁通水管，拆下进气歧管，如图2-24 所示。

图2-22　拆卸发动机传动带

图2-23　拆下发电机

图2-24　拆下进气歧管

(11)拆下氧传感器,拆下排气歧管隔热罩(图2-25),拆下排气歧管支撑条(图2-26),拆下排气歧管(图2-27)。

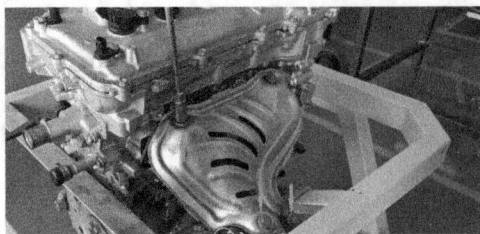

图2-25　拆下隔热罩

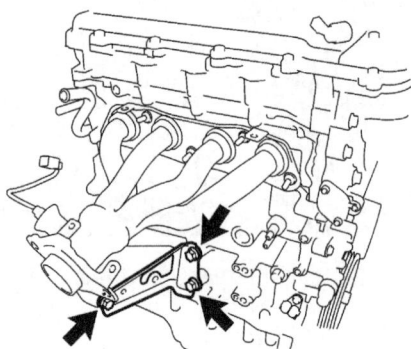

图2-26　拆下支撑条

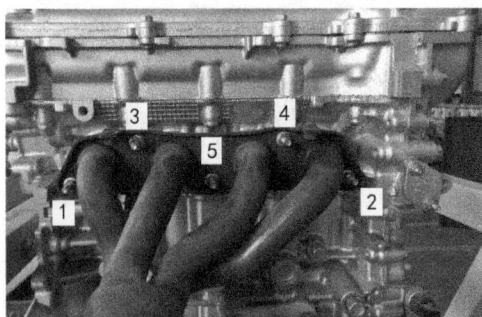

图2-27　拆下排气歧管

2)安装

(1)安装新的排气歧管垫片,安装排气歧管,如图2-28所示。安装排气歧管支撑条,安装氧传感器,安装排气歧管隔热罩。

(2)安装新的进气歧管密封圈,安装进气歧管,如图2-29所示。安装旁通水管,安装通风软管。

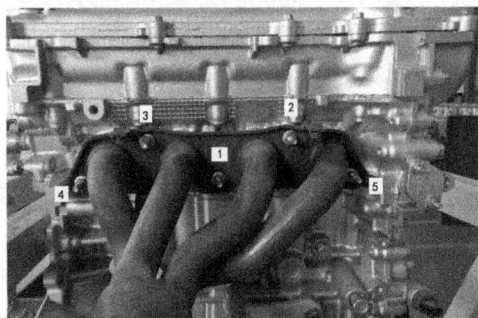

图2-28　安装排气歧管

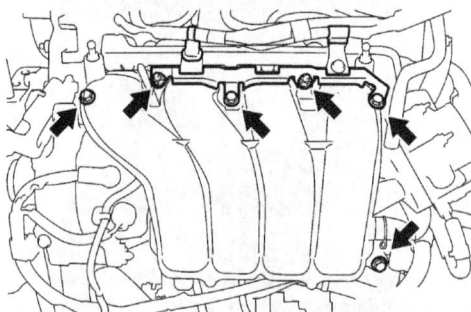

图2-29　安装进气歧管

(3)安装发电机,检查传动带张紧度,如张紧度不符合要求,拧松螺栓B和C,拧紧螺栓A,直至传动带张紧度合适。然后按规定力矩将螺栓B,C和D拧紧,如图2-30所示。

（4）安装三元催化器，安装氧传感器，图2-31所示。安装排气消声器，图2-32所示。

（5）安装空气滤清器壳，安装新的滤芯，将进气软管安装在空气滤清器上。安装空气流量传感器连接器，如图2-33所示。

图2-30　调整传动带的张紧度

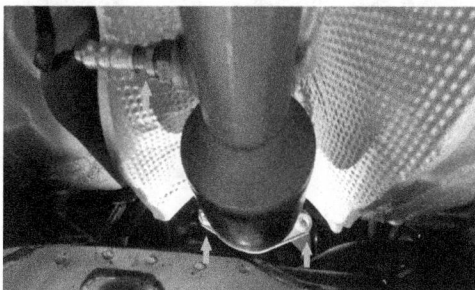

图2-31　安装三元催化器

图2-32　安装排气消声器

图2-33　安装空气滤清器

（6）拆下翼子板磁力护裙，关闭发动机舱盖。

（7）清理器材，清洁地面卫生。

三、学习拓展

1. 发动机增压技术

增压就是将空气预先压缩然后再供入汽缸，以提高进入汽缸内的空气密度、增加进气量。由于进气量增加，可相应地增加发动机供油量，从而可以提高发动机输出功率。

（1）机械增压系统（图2-34）：该装置安装在发动机上并通过传动带与发动机曲轴相连接，它从发动机曲轴获得动力来驱动增压器旋转，从而将空气增压，但要消耗部分动力。

（2）废气涡轮增压系统（图2-35）：涡轮增压装置就是一种空气压缩机，通过压缩空气来增加发动机的进气量。涡轮增压系统利用发动机废气排出的惯性冲力来推动涡轮，涡轮带动同轴的叶轮，叶轮压缩由空气滤清器进入的空气，使之增压后进入汽缸。废气涡轮增压系统让更多的空气进入汽缸，燃料量也相应增加，燃烧更多的燃料，从而提高发动机的输出功率。

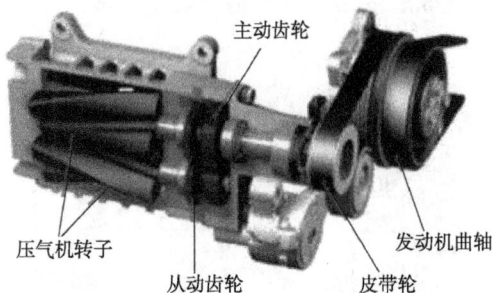
图2-34　机械增压系统

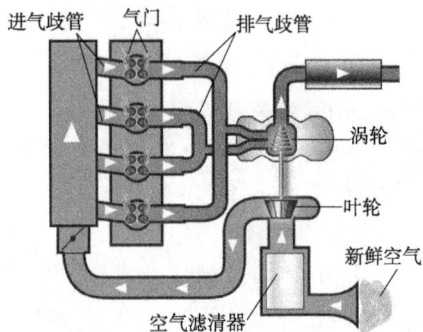
图2-35　废气涡轮增压系统

2. 废气现循环技术

汽车发动机排放的尾气中会含有 CO、NO_x、HC 等有害物质。NO_x 是汽缸内参与燃烧的空气中氮和氧在高温燃烧时发生化学反应的产物。废气中 NO_x 的含量主要由燃烧室的温度所决定。降低燃烧室的温度，NO_x 的含量也随之下降。目前，降低 NO_x 排放量较有效的装置是废气再循环(EGR)系统，如图2-36所示。

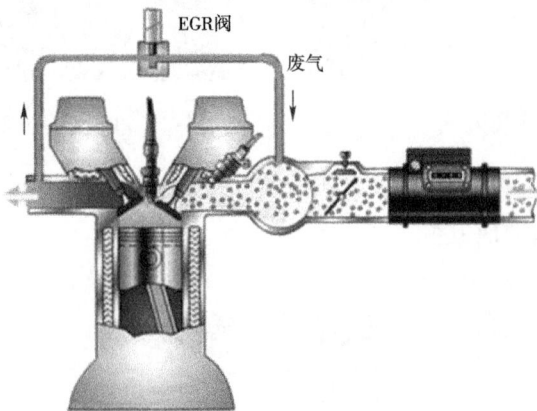
图2-36　废气再循环

废气再循环(EGR)是发动机控制电脑(ECU)根据发动机的转速、负荷(节气门开度)、温度、进气流量、排气温度等控制排放的少量废气经 EGR 阀进入进气系统，与可燃混合气混合后进入汽缸参与燃烧。少量废气进入汽缸参与混合气的燃烧，降低了燃烧时汽缸中的温度，从而降低了废气中的 NO_x 的含量。当发动机在怠速、低速、小负荷及冷机时，ECU 控制废气不参与再循环，避免发动机性能受到影响；当发动机超过一定的转速、负荷及达到一定的温度时，ECU 控制少量废气参与再循环，参与再循环的废气量根据发动机转速、负荷、温度及废气温度的不同而不同，以达到废气中的 NO_x 量最低。

四、评价与反馈

1. 自我评价及反馈

(1)能否主动完成工作现场的清洁和调整工作？（　　）

　　A. 主动完成　　　　　　B. 被动完成　　　　　　C. 未完成

(2)完成本学习任务后，你对维修手册等资料的使用是否快速和规范？（　　）

　　A. 快速规范　　　　　　B. 规范但不熟练　　　　　C. 不会使用

(3)你能否正确规范地完成进、排气系统的拆装？（　　）

　　A. 独立完成　　　　　　B. 小组合作完成　　　　　C. 在老师的指导下完成

(4)怎样清洁空气滤清器？

_____

_____

(5)你在进、排气系统的拆装过程中遇到的困难是什么？你是怎样解决的？

_____

_____

签名：_____　_____年_____月_____日

2. 小组评价及反馈

(1)是否完成本学习任务的学习目标？（　　）

　　A. 完成且效果好　　　　B. 完成但效果不好　　　　C. 未完成

(2)是否积极学习，不懂的是否积极向别人请教，是否积极帮助他人学习？（　　）

　　A. 积极学习　　　　　　　　　　　　B. 积极请教

　　C. 积极帮助他人　　　　　　　　　　D. 全部不积极

(3)零件、工具与油污有没有落地，有无保持作业现场的整洁？（　　）

　　A. 无落地且场地整洁　　　　　　　　B. 有零件、工具落地

　　C. 有油污落地　　　　　　　　　　　D. 未保持作业现场的清洁

(4)实施过程中是否注意操作质量和有责任心？（　　）

　　A. 注意质量；有责任心　　　　　　　B. 不注意质量；有责任心

　　C. 注意质量；无责任心　　　　　　　D. 全无

(5)在操作过程中是否注意消除安全隐患，在有安全隐患时是否提示其他同学？（　　）

　　A. 注意；提示　　　　　　　　　　　B. 不注意；未提示

参与评价的同学签名：_____　_____年_____月_____日

3. 教师评价及答复

_____

_____

教师签名:_____　_____年_____月_____日

五、技能考核标准

序号	项目	操作内容	规定分	评分标准	得分
1	准备	清点工具,整理工位	5分	酌情扣分	
2	拆卸	取出空气滤清器芯	5分	操作不当扣1~5分	
		拆卸发电机	5分	操作不当扣1~5分	
		拆卸进气歧管	5分	操作不当扣1~5分	
		拆卸隔热罩	5分	操作不当扣1~5分	
		拆卸排气歧管	5分	操作不当扣1~5分	
3	安装	更换排气歧管密封垫	5分	操作不当扣1~5分	
		安装排气歧管	5分	操作不当扣1~5分	
		安装隔热罩	5分	操作不当扣1~5分	
		更换进气歧管密封圈	5分	操作不当扣1~5分	
		安装进气歧管	5分	操作不当扣1~5分	
		安装发电机	5分	操作不当扣1~5分	
		安装空气滤清器芯	5分	操作不当扣1~5分	
4	完成时限	20min	5分	超时,扣1分/min 超时5分钟以上扣5分	
5	回答问题	根据实际情况提问	10分	酌情扣分	
6	安全文明	无安全隐患,无不文明操作	10分	未达标扣1~10分	
7	结束	工具、量具清洗、归位	5分	有遗漏扣1~3分,未做扣5分	
		工作场地清洁	5分	不彻底扣1~3分,未做扣5分	
	总分		100分		

注:发生重大安全事故得零分!

学习任务三 配气机构构造与拆装

任务要求

完成本学习任务后,你应该能:

1. 叙述发动机配气机构的组成、作用和工作原理;

2. 识别发动机配气机构的主要零件,并叙述其主要作用;

3. 规范地进行发动机配气机构的拆装。

建议学时:18 学时

任务描述

一辆 2008 年款丰田威驰 1.6GL 型手动挡轿车,搭载直列四缸电控发动机,使用过程中发动机故障灯间歇点亮,发动机动力有所下降,漏气比较严重。经维修人员提取数据流,并结合其冷车出现漏气较多的情况分析,可能是由于气门积炭、关闭不严导致漏气,需对配气机构进行拆装检修。

一、理论知识准备

(一)配气机构的功用

配气机构的功用是按照发动机的工作循环和做功顺序,准时地开闭进、排气门,向汽缸供给可燃混合气(汽油机)或新鲜空气(柴油机)并及时排出废气。另外,当进、排气门关闭时,保证汽缸密封。

(二)配气机构的组成

配气机构主要由 2 大部分组成,即气门组和气门传动组,如图 3-1 所示。

图 3-1 配气机构的组成

(三)配气机构的分类及工作原理

1. 汽车发动机配气机构的分类

(1)按每缸气门的数量分,可分为双气门和多气门 2 种。

一般发动机都采用每缸双气门,即 1 个进气门和 1 个排气门的结构。为了进一步改善汽缸的换气性能,很多中、高级新型轿车和运动型汽车发动机上普遍采用每缸多气门结构。图 3-2 所示为四气门的配气机构。

(2)按凸轮轴的布置位置,可分为下置式、中置式和上置式 3 种,如图 3-3 所示。

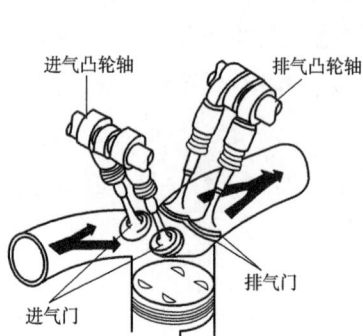

进气凸轮轴　　排气凸轮轴

排气门

进气门

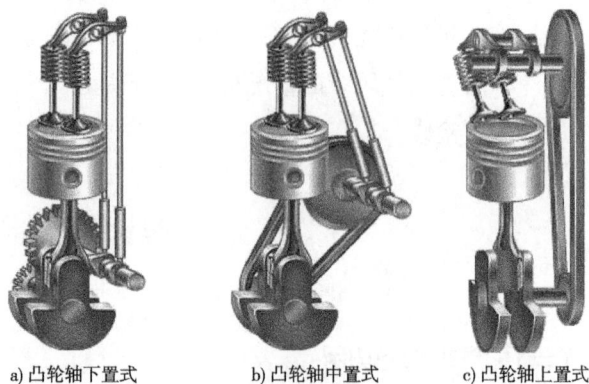

a) 凸轮轴下置式　　b) 凸轮轴中置式　　c) 凸轮轴上置式

图 3-2 四气门的配气机构　　　　图 3-3 凸轮轴布置形式

(3)按气门布置的位置不同,可分为气门侧置式和气门顶置式 2 种,如图 3-4 所示。气门顶置式发动机,由于燃烧室结构紧凑,充气阻力小,具有良好的抗爆性和高速性,目前国内外汽车发动机几乎都采用气门顶置式配气机构。

(4)按曲轴与凸轮轴的传动方式,可分为齿轮传动(图 3-5)、链传动和齿形带传动(图 3-6)3 种。

a) 气门侧置　　　　b) 气门顶置

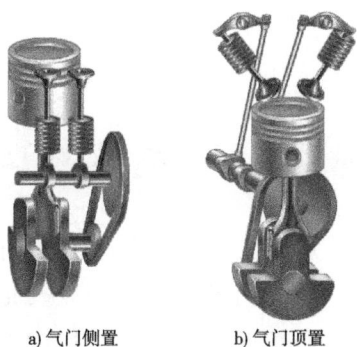

图 3-4　气门布置形式

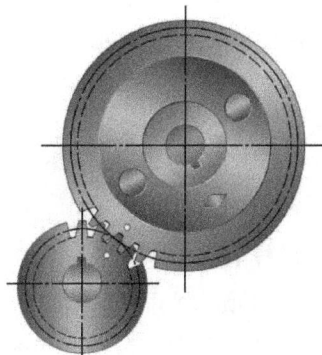

图 3-5　齿轮传动方式

2. 配气机构的工作原理

以凸轮轴下置式配气机构为例,发动机工作时,曲轴通过正时齿轮驱动凸轮轴旋转,当凸轮轴转到凸轮的凸起部分与挺柱接触时,挺柱被顶起,通过推杆和调整螺钉使摇臂绕摇臂轴摆动,压缩气门弹簧,使气门离座,即气门开启,实现进气或排气。凸轮轴继续转动,当凸轮凸起部分离开挺柱后,气门便在气门弹簧力的作用下上升而落座,气门关闭,完成进气或排气过程,如图 3-7 所示。四冲程发动机每完成 1 个工作循环,曲轴旋转 2 周,而各缸进、排气门各开启 1 次,完成 1 次进、排气,凸轮轴只旋转 1 周,因此曲轴与凸轮轴的转速比为 2∶1。

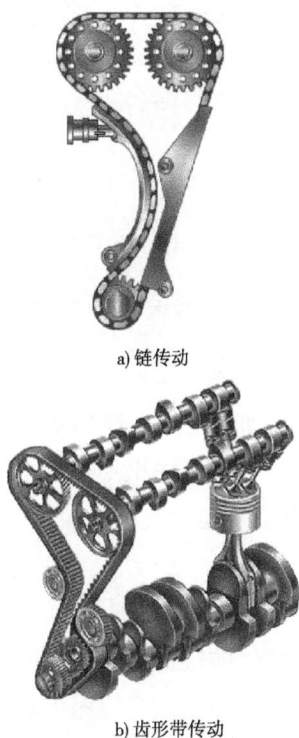

a) 链传动

b) 齿形带传动

图 3-6　链传动和齿形带传动方式

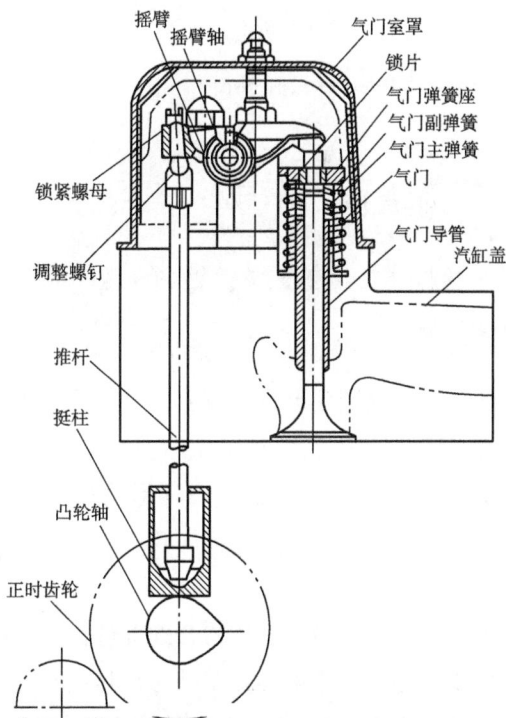

图 3-7　配气机构的工作原理图

(四)配气机构的主要零部件

1.气门组的零部件

气门组由气门、气门导管、气门座、气门弹簧和气门锁片等零件组成,如图 3-8 所示。

1)气门

气门由头部、杆部组成。气门头部与气门座圈接触的工作面,是与杆部同心的锥面,通常将这一锥面与气门顶部平面的夹角称为气门锥角,气门锥角一般为 45°,也有的为 30°(图 3-9)。气门头部形状有平顶、凸顶(球面顶)和凹顶(喇叭形顶)等(图 3-10)。目前使用最多的是平顶气门头。平顶气门头结构简单,制造容易,吸热面积较小,质量小,进、排气门均可采用。

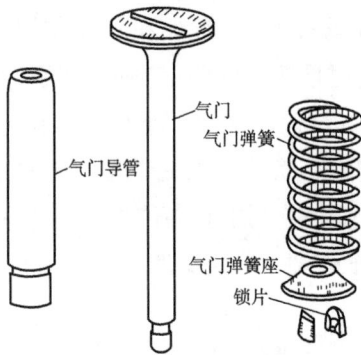

图 3-8 气门组的组成

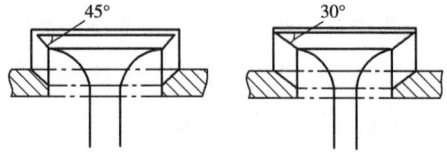

图 3-9 气门锥角

图 3-10 气门头部

a) 平顶气门   b) 凸顶气门   c) 凹顶气门

小提示

为保证良好密合,装配前应将气门与气门座的密封锥面互相研磨,研磨好的零件不能互换。

气门杆部是圆柱形,在气门导管中不断进行上、下往复运动。气门杆尾部结构取决于气门弹簧座的固定方式,如图 3-11 所示。常用的结构是用剖分成两半的锥形锁片来固定气门弹簧座,气门杆的尾部加工出环形槽来安装锁片。如用锁销来固定气门弹簧座,气门杆尾部有一个用来安装锁销的径向孔。

2)气门座

汽缸盖上与气门锥面相结合的部位称为气门座,它也有相应的锥面。气门座的作用是靠其内锥面与气门锥面的紧密贴合密封汽缸,并接收气门传来的热量。气门座可直接在汽缸盖上加工出来,也可用合金铸铁或奥氏体钢制成单独的气门座圈,再镶嵌到汽缸盖相应的座孔中,构成镶嵌式气门座(图 3-12)。

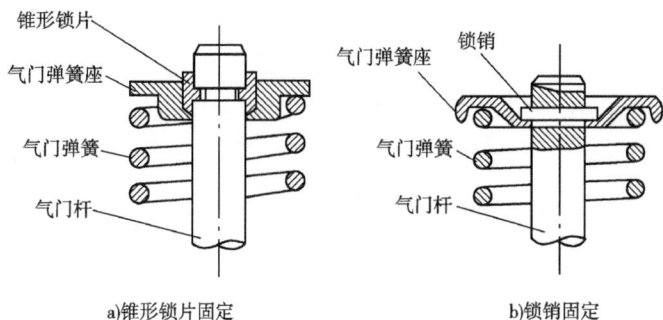

图3-11 气门弹簧座的固定方式

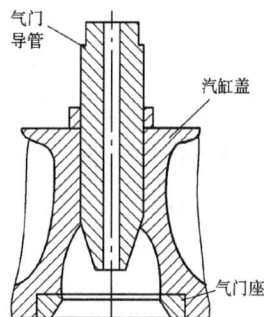

图3-12 气门座

相关链接

气门锥角是指气门头部与气门座圈接触的锥面和气门顶部平面的夹角。气门锥角的作用是获得较大的气门座合压力,提高密封性;扩大导热面积,提高导热性能。气门落座时有较好的对中、定位作用,在相同气门升程的条件下,能使气流的通过断面面积增大、进气阻力降低,提高进气速度和进气量,避免气流拐弯过大而降低流速。

3)气门导管

气门导管对气门起运动导向作用,它将气门头部传给杆身的热量,通过汽缸盖传出去,其结构如图3-13所示。气门导管常用灰铸铁、球墨铸铁或铁基粉末冶金制造。导管内、外圆面加工后压入汽缸盖的气门导管孔内,然后再精铰内孔。为了防止气门导管在使用过程中松落,有的发动机的气门导管用卡环定位。有的发动机不装气门导管,直接在汽缸盖上加工出气门杆孔,作为气门的导向孔。

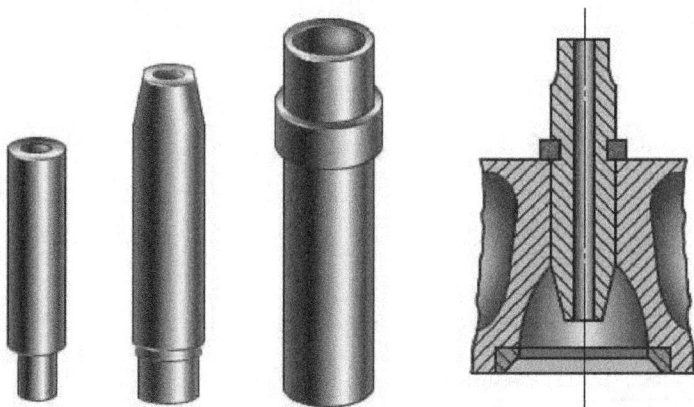

图3-13 气门导管

4) 气门弹簧

气门弹簧的作用在于保证气门复位,气门关闭时,保证气门与气门座之间的密封,气门开启时,保证气门不因运动时产生的惯性力而脱离凸轮。气门弹簧多为圆柱形螺旋弹簧,它的一端支承在汽缸盖上,另一端压靠在气门杆尾端的弹簧座上,弹簧座用锁片或锁销固定在气门杆的尾端。

气门弹簧多用圆柱形螺旋弹簧,为了防止弹簧发生共振,可以采用变螺距的圆柱形弹簧。高速发动机的一个气门装有同心安装的内、外2根气门弹簧。当装双气门弹簧时,气门弹簧的螺旋方向应各不相同,如图3-14所示。

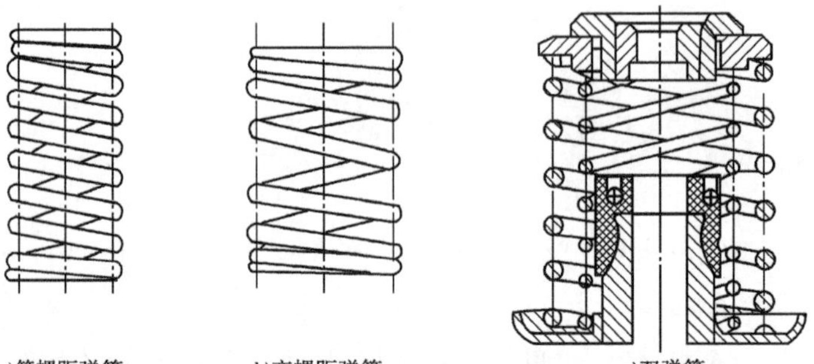

a)等螺距弹簧   b)变螺距弹簧   c)双弹簧

图3-14 气门弹簧

想一想

双弹簧的螺旋方向和螺距为什么应不相同?

5) 气门油封

因为在气门杆和气门导管之间必须有间隙,为了防止机油从气门杆处进入汽缸,所以安装气门油封防止机油窜入燃烧室,如图3-15所示。

2. 气门传动组的零部件

气门传动组件的作用是按规定的配气相位定时驱动气门开闭,并保证气门有足够的开度和适当的气门间隙。它一般包括凸轮轴驱动件、凸轮轴、气门挺柱、推杆、摇臂及摇臂轴总成等,如图3-16所示。

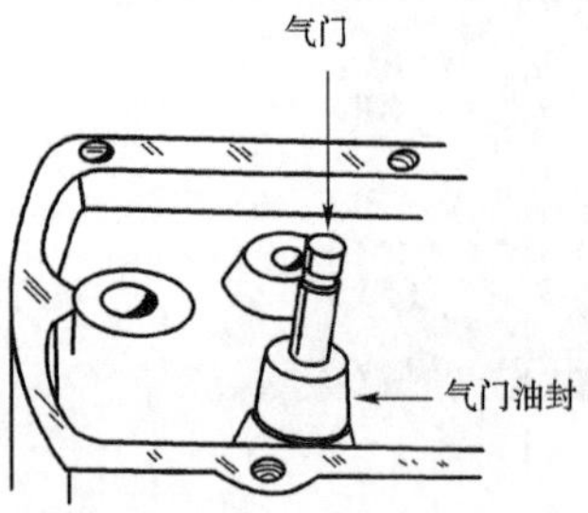

1) 凸轮轴

凸轮轴控制气门的开启和关闭,每一个进、排气门分别有相应的进气凸轮和排气凸轮,如图3-17所示。凸轮轴由曲轴驱动。凸轮轴总成包括凸轮轴、凸轮轴正时齿轮、凸轮轴轴承,以及正时链条、传动带或齿轮(根据情况)。

图3-15 气门油封

a) 凸轮形状　　　　　b) 进气（或排气）凸轮夹角　　　　　c) 推杆

d) 六缸发动机凸轮轴　　　　　e) 摇臂　　　　　f) 挺柱

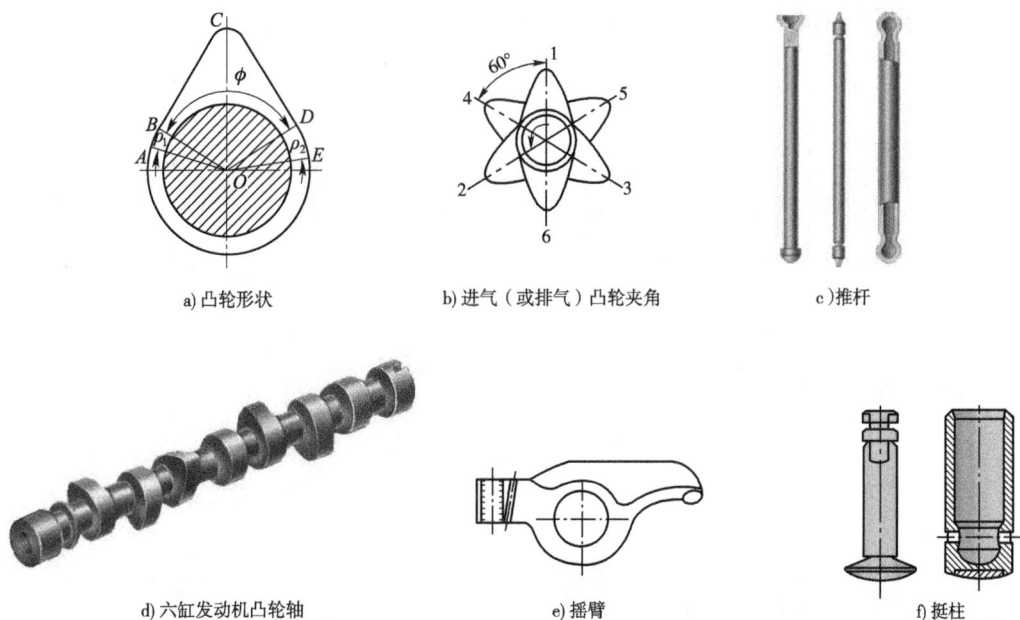

图3-16　气门传动组

2）挺柱

挺柱的作用是将凸轮的推力传递给推杆或气门杆,挺柱分机械挺柱和液力挺柱2种。

液力挺柱装在凸轮与气门之间,如图3-18所示。采用液力挺柱,可消除配气机构中的间隙,减小各零件的冲击载荷和噪声,目前绝大部分轿车发动机配气机构都装有液力挺柱,以实现零气门间隙。

机械挺柱有筒式和滚轮式2种结构,如图3-19所示。

3）气门推杆

推杆是将从凸轮轴经过挺杆传来的力传给摇臂,主要用于下置凸轮轴式配气机构,如图3-20所示。它是配气机构中最容易发生弯曲变形的零件,因此要求它有很高的刚度。

4）摇臂和摇臂轴

摇臂是一个中间带有圆孔的不等长双臂杠杆,用来将推杆传来的力改变方向,并作用到气门杆尾部以推开气门。摇臂(图3-21)的长臂端部以圆弧形的工作面与气门尾端接触用以推动气门。短臂的端部有螺孔,用来安装气门间隙调整螺钉及锁紧螺母,以调整

图3-17　凸轮轴

气门间隙。螺钉的球头与推杆顶端的凹球座相连接。

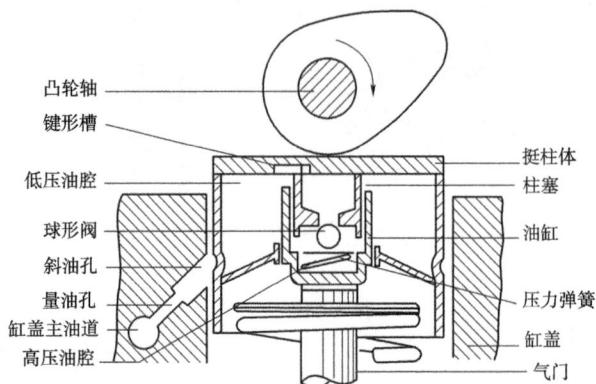

图 3-18　液力挺柱

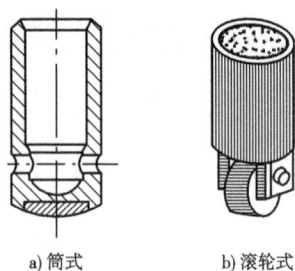

a) 筒式　　　b) 滚轮式

图 3-19　机械挺柱

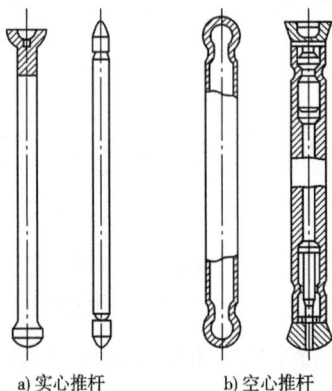

a) 实心推杆　　　b) 空心推杆

图 3-20　气门推杆

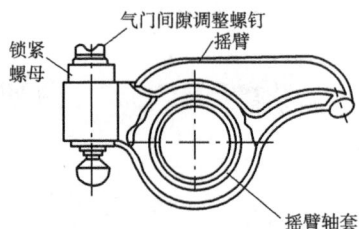

图 3-21　摇臂

　　摇臂组由摇臂、摇臂轴、摇臂轴支座及定位弹簧等组成,如图 3-22 所示。摇臂通过摇臂轴支承在摇臂轴支座上,摇臂轴支座安装在汽缸盖上,摇臂轴为空心管状结构。摇臂与推杆端、摇臂与摇臂轴间的润滑可采用来自挺杆座、挺杆、推杆、摇臂内油道或来自汽缸盖、摇臂内孔的压力机油润滑。为了防止摇臂的窜动,在摇臂轴上每两摇臂之间都装有弹簧。

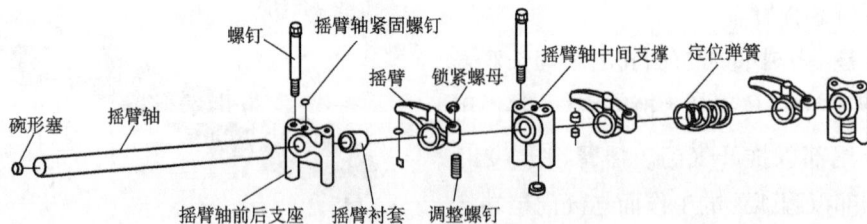

图 3-22　摇臂组

二、实践操作

1. 实践准备

(1)工具准备：工具车、工具箱、工件盘、清洁工具、专用工具等。

(2)材料准备：与车型相配套的维修材料、工作页工单和维修手册等。

(3)及时清理发动机周围的污物。

2. 注意事项

(1)防止零件被擦伤结合端面，如不当的敲击和放置等。

(2)注意每个零件的安装位置和摆放顺序。

(3)拆卸下来的零件要合理地进行摆放与清洁。

(4)合理规范地使用工具，注意拆装的安全。

3. 作业准备

(1)进入工位前，将工位清理干净，准备好相关的器材。

(2)操作人员个人安全防护用品要穿戴整齐、使用正确。

(3)外观检查有无损坏，做好记录。

(4)从工作页上确认操作内容，准备操作。

4. 拆装操作步骤

1)拆卸

(1)拆下曲轴箱通风管，拆下加油盖，取下气门室盖，如图 3-23 所示。

(2)转动曲轴皮带轮，将皮带轮槽口对准 1 号正时链罩上的正时标记"0"，如图 3-24 所示。拆下正时链罩，检查凸轮轴正时链轮的标记是否与（凸轮轴）轴承盖上的正时标记对准（图 3-25），否则，转动曲轴一周。

图 3-23　拆下气门室盖

图 3-24　旋转曲轴对正正时记号

(3)拧松正时链罩上的螺栓，拆下水泵总成（图 3-26），拆下机油滤清器总成（图 3-27）。用专用工具拆下曲轴皮带轮，如图 3-28 所示。

图 3-25 检查凸轮轴正时标记对准

图 3-26 拆下水泵总成

图 3-27 拆下机油滤清器总成

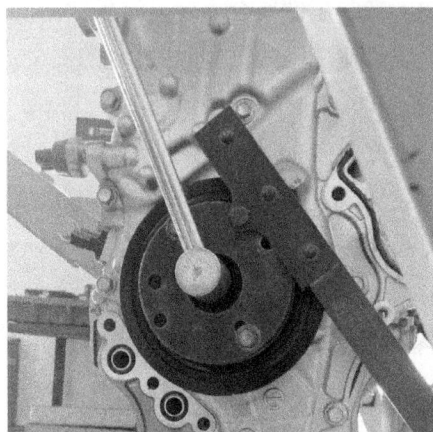

图 3-28 拆下曲轴皮带轮

(4)旋松张紧轮安装螺栓,拆下张紧弹簧,如图 3-29 所示。

(5)拆下正时链罩,如图 3-30 所示。

图 3-29 拆下张紧器

图 3-30 拆下正时链罩

小提示

　　如果重复使用正时带,应在正时带上画一个方向箭头(按发动机旋转方向),并在凸轮轴带轮和正时带上做出定位标记。

　　(6)取下导向链板(图 3-31),拆下阻尼器(图 3-32),取下正时链条,拆下导向链板(图 3-33)。

| 图 3-31　取下导向链板 | 图 3-32　拆下阻尼器 | 图 3-33　拆下导向链板 |

　　(7)按顺序分次均匀拧松轴承盖螺栓,如图 3-34、图 3-35 所示。拆下凸轮轴轴承盖,取下进气凸轮轴、排气凸轮轴,视其情况,再用专用工具取下凸轮轴上的正时链轮总成。

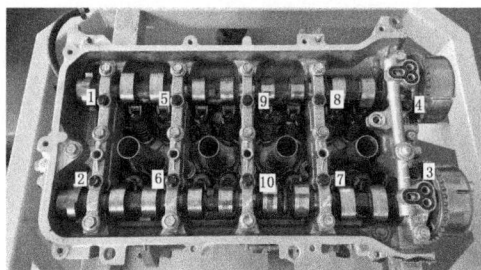

图 3-34　拆下凸轮轴轴承盖螺栓　　　　图 3-35　拆下凸轮轴轴承盖

　　(8)拆下凸轮轴支架固定螺栓,取下凸轮轴支架,如图 3-36 所示。

　　(9)按顺序取下摇臂(图 3-37),并按顺序放置。按顺序取下液压挺柱,放入装有清洁机油的密封盒中,按顺序取下气门顶部的气门端盖,并按顺序放置,如图 3-38 所示。

　　(10)按顺序分次均匀拧松 10 个汽缸盖螺栓(图 3-39),取下 10 个缸盖螺栓与垫圈,从汽缸体上的定位销处撬起汽缸盖(图 3-40)。将汽缸盖放置在长形木块上,取下汽缸垫。

图3-36 拆下凸轮轴支架

图3-37 取下摇臂

图3-38 取下液压挺柱与气门端盖

图3-39 汽缸盖螺栓拧松顺序

小提示

小心不要损坏汽缸体和汽缸盖接触表面,汽缸盖与进、排气歧管接触表面。

(11)使用专用工具压缩气门弹簧(图3-41),取下两个锁片,拆下气门弹簧座、气门弹簧和进、排气门。

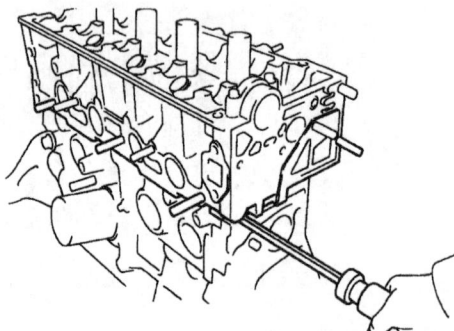

图3-40 撬起汽缸盖

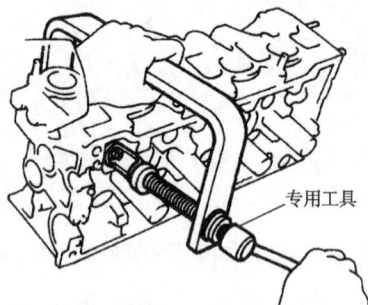

专用工具

图3-41 拆卸气门

小提示

按正确的顺序排列进气门、排气门、气门弹簧、弹簧座和锁片。

（12）使用尖嘴钳拆下气门油封（图3-42）。

（13）使用压缩空气和磁棒拆下弹簧座平垫圈（图3-43），按正确的顺序摆放气门弹簧座平垫圈。

图3-42　拆下气门油封

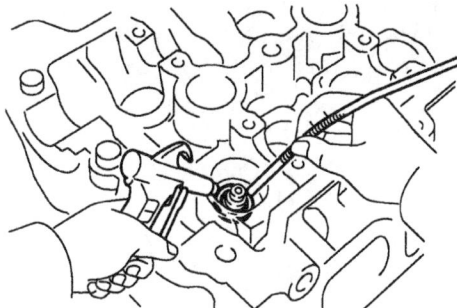

图3-43　拆下弹簧座平垫圈

（14）清洗、检查零部件。

2）安装

（1）使用专用工具压入一个新油封（图3-44），注意区分进气门油封和排气门油封。

（2）安装进气门或排气门、弹簧座、气门弹簧，使用专用工具压缩气门弹簧，并在气门杆周围放入2个锁片，如图3-45所示。

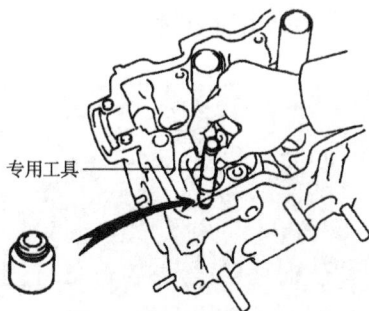

图3-44　压入新油封

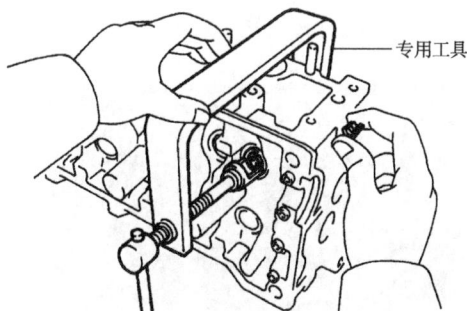

图3-45　安装气门

（3）使用橡胶榔头，敲击气门端头确保装配合适，如图3-46所示。

（4）转动曲轴，将活塞处于中间位置，在汽缸体上安装新汽缸垫，注意安装方向。在汽缸盖螺栓涂上一薄层机油，按图3-47所示顺序分次以规定力矩拧紧汽缸盖螺栓。有些车型还需用油漆在汽缸盖螺栓和气缸盖做标记，按顺序再将汽缸盖螺栓拧紧90°、45°，如图3-48所示。

（5）依次安装气门端盖，注意位置不能错乱，如图3-49所示。

（6）安装凸轮轴轴瓦，注意区分上、下轴瓦，安装凸轮轴支架，并按要求拧紧，图3-50所示，放置进气凸轮轴、排气凸轮轴，注意凸轮轴放置。依照凸轮轴轴承盖上的序号放置凸轮轴轴承盖，注意安装顺序（图3-51），按要求拧紧凸轮轴轴承盖螺栓，如图3-52、图3-53所示。

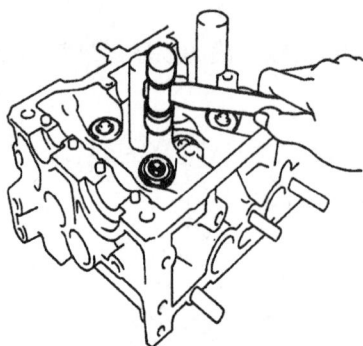

图 3-46　检查气门装配情况

图 3-47　汽缸螺栓的拧紧顺序

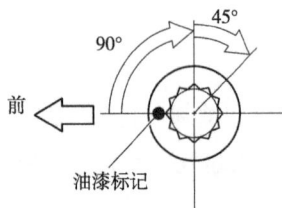

45°
90°
前
油漆标记

图 3-48　汽缸螺栓的拧紧

图 3-49　安装气门端盖、液压挺柱和摇臂

图 3-50　安装凸轮轴支架

图 3-51　放置进、排气凸轮轴轴承盖

图 3-52　拧紧凸轮轴轴承盖螺栓

图 3-53　拧紧凸轮轴轴承盖螺栓

(7)安装导向链板(图3-54),旋转曲轴,使正时链轮键位于顶部,此时一缸活塞处于上止点,如图3-55。用开口扳手使凸轮轴轴正时链轮总成上的正时标记对正,安装凸轮轴侧正时链条,如图3-56所示。安装曲轴侧正时链条(图3-57),注意使右侧正时链条处于绷紧状态。安装导向链板,使导向链板通过后端定位销暂时固定,如图3-58所示。安装阻尼器(图3-59)。

图3-54　安装导向链板

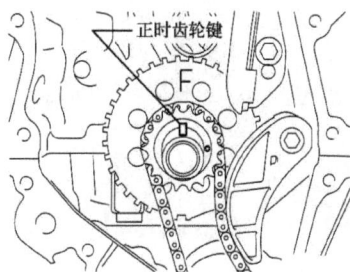

图3-55　转动曲轴至一缸上止点

图3-56　安装凸轮轴侧正时链条

图3-57　安装曲轴侧正时链条

(8)安装正时链罩,安装链条张紧器,安装曲轴皮带轮,顺时针转动曲轴两周,检查每个皮带轮对准正时标记,如图3-60所示。如果没对准正时标记,拆下曲轴皮带轮、正时链张紧装置、正时链罩、正时链条等重新安装。

图 3-58 安装导向链板

图 3-59 安装阻尼器

图 3-60 检查正时标记

（9）安装水泵总成,安装机油滤清器总成,按规定力矩拧紧,如图 3-61 所示。

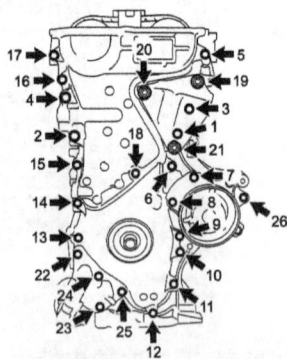

图 3-61 拧紧正时链罩螺栓

（10）清理器材,清洁地面卫生。

三、学 习 拓 展

汽车发动机的配气相位是用曲轴转角表示的进、排气门实际开闭时刻和开启持续时间。通常用相对于上、下止点曲拐位置的曲轴转角环形图来表示,该环形图称为配气相位图,如图 3-62 所示。α 是进气提前角,β 是进气迟后角,γ 是排气提前角,δ 是排气迟后角。

进气门在进气上止点前即开启,而排气门在进气上止点后才关闭,这就出现了在一段时间内进、排气门同时开启的现象,称为气门叠开。同时开启的曲轴转角 α+δ 称为气门叠开角,如图 3-63 所示。

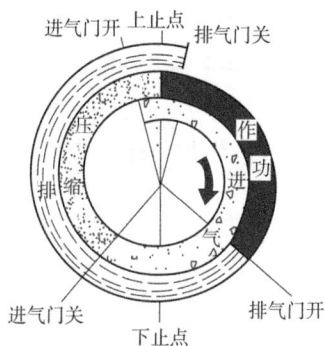

图 3-62　配气相位图

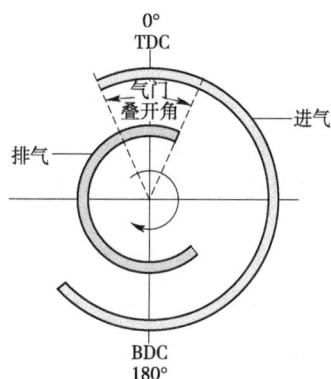

图 3-63　气门叠开

相关链接

可变配气相位

传统的配气相位角是固定的,而现代的配气相位角随着发动机的工况是可变的。可变配气相位技术检测发动机工况,可根据发动机的工况改变配气相位。

VTEC 是可变气门正时和升程电子控制系统,是本田的专有技术,它能随发动机转速、负荷、水温等运行参数的变化,而适当地调整配气正时和气门升程,使发动机在高、低速下均能达到最高的充气效率。

VVT-i 是丰田智能正时可变气门控制系统,它保持进气门开启持续角不变,采用电子控制单元(ECU)改变进气门开闭时刻来增加充气量,可实现低、中转速范围内扭矩的充分输出,保证各个工况下都能得到足够的动力。

四、评价与反馈

1. 自我评价与反馈

(1)你能否主动完成工作现场的清洁和整理工作?（　　）

　　A. 主动完成　　　　　B. 被动完成　　　　　C. 未完成

(2)完成本学习任务后,你对维修手册等资料的使用是否能快速和规范?（　　）

　　A. 快速规范　　　　　B. 规范但不熟练　　　　C. 不会使用

(3)你能否正确规范地完成配气机构的拆装?（　　）

　　A. 独立完成　　　　　B. 小组合作完成　　　　C. 在老师的指导下完成

(4)液力挺柱与机械挺柱各有哪些优缺点?

_____

_____

_____

(5)你在配气机构的拆装过程中遇到的困难是什么? 你是怎样解决的?

_____

_____

_____

签名:_____　_____年_____月_____日

2. 小组评价与反馈

(1)是否完成本学习任务的学习目标?（　　）

　　A. 完成且效果好

　　B. 完成但效果不好

　　C. 未完成

(2)是否积极学习,不懂的是否积极向别人请教,是否积极帮助他人学习?（　　）

　　A. 积极学习　　　　　　　　　　　　B. 积极请教

　　C. 积极帮助他人　　　　　　　　　　D. 三者都不积极

(3)零件、工具与油污有没有落地,有无保持作业现场的整洁?（　　）

　　A. 无掉地且场地整洁　　　　　　　　B. 有零件、工具掉地

　　C. 有油污掉地　　　　　　　　　　　D. 未保持作业现场的清洁

(4)实施过程中是否注意操作质量和有责任心?（　　）

　　A. 注意质量,有责任心　　　　　　　　B. 不注意质量,有责任心

　　C. 注意质量,无责任心　　　　　　　　D. 全无

(5)在操作过程中是否注意消除安全隐患,在有安全隐患时是否提示其他同学?(　　)

　　A. 注意,提示　　　　　　　　　　　　　B. 不注意,未提示

　　　　参与评价的同学签名:_____　　_____年_____月_____日

3. 教师评价及答复

_____

_____

_____

　　　　　　教师签名:_____　　_____年_____月_____日

五、技能考核标准

序号	项目	操作内容	规定分	评分标准	得分
1	准备	清点工量具,整理工位	5分	酌情扣分	
2	拆卸	拆卸张紧器、正时链罩	5分	操作不当扣1~5分	
		拆卸正时链条	5分	操作不当扣1~5分	
		拆卸凸轮轴	5分	操作不当扣1~5分	
		拆卸摇臂、液压挺柱	5分	操作不当扣1~5分	
		拆卸汽缸盖	5分	操作不当扣1~5分	
		拆卸气门	5分	操作不当扣1~5分	
3	安装	安装气门	5分	操作不当扣1~5分	
		安装汽缸盖	5分	操作不当扣1~5分	
		安装液加挺柱、摇臂	5分	操作不当扣1~5分	
		安装凸轮轴	5分	操作不当扣1~5分	
		安装正时链条	5分	操作不当扣1~5分	
		安装正时链罩、张紧器	5分	操作不当扣1~5分	
4	完成时限	30min	5分	超时,扣1分/min; 超时5min以上扣5分	
5	回答问题	根据实际情况提问	10分	酌情扣分	
6	安全文明	无安全隐患,无不文明操作	10分	未达标扣1~10分	
7	结束	工量具清洗、归位	5分	漏一项扣1~3分,未做扣5分	
		工作场地清洁	5分	不彻底扣1~3分,未做扣5分	
		总分	100分		

注:发生重大安全事故得零分!

学习任务四 曲柄连杆机构构造与拆装

任务要求

完成本学习任务后,你应该能:

1. 叙述发动机曲柄连杆机构的组成、作用和工作原理;

2. 识别发动机曲柄连杆机构的主要零件,并叙述其主要作用;

3. 规范地进行发动机曲柄连杆机构的拆装。

建议学时:18 学时

任务描述

一辆 2008 年款丰田卡罗拉 1.6GL 型手动挡轿车,搭载直列四缸电控发动机,使用过程中发动机动力严重不足,高速运转时发动机发抖,同时伴有刺耳的异响。经维修人员检查,初步判定该车发动机的曲柄连杆机构出现了异常情况,需对曲柄连杆机构进行拆装与检查。

一、理论知识准备

(一)曲柄连杆机构的功用

曲柄连杆机构是往复活塞式发动机将热能转换为机械能的主要机构,其作用是将燃气作用在活塞顶面上的压力转变为曲轴的转矩,向工作机械输出机械能。

(二)曲柄连杆机构的组成

曲柄连杆机构主要由 3 大部分组成,即机体组、活塞连杆组、曲轴飞轮组,如图 4-1 所示。

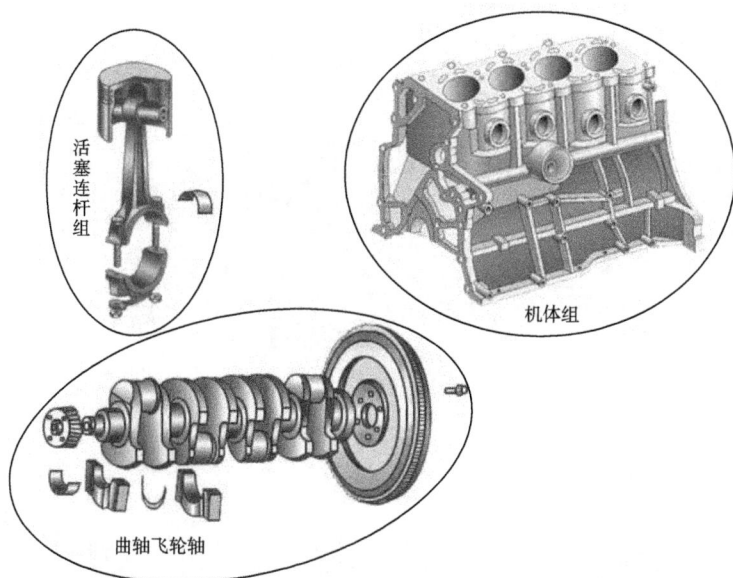

活塞连杆组

机体组

曲轴飞轮轴

图 4-1　曲柄连杆机构的组成

(三)机体组的主要零部件

发动机机体组是发动机的骨架,是发动机各机构、各系统主要零部件的装配基体。它主要由汽缸盖、汽缸体、汽缸垫、汽缸盖罩以及油底壳等组成,如图 4-2 所示。

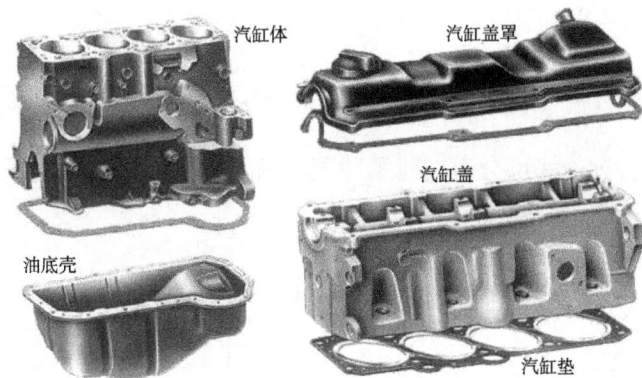

汽缸体

汽缸盖罩

汽缸盖

油底壳

汽缸垫

图 4-2　机体组组成

1. 汽缸体

汽缸体(图 4-3)是发动机各个机构和系统的装配基体,并由它来保持发动机各运动件相互之间的准确位置关系。汽缸体通常由铸铁或铝合金铸造而成,上部是用于安装活塞连杆的汽缸,内有润滑油道、冷却水套,下部是用于安装曲轴的曲轴箱。

整体式汽缸体可分为平分式、龙门式和隧道式 3 种,如图 4-4 所示。

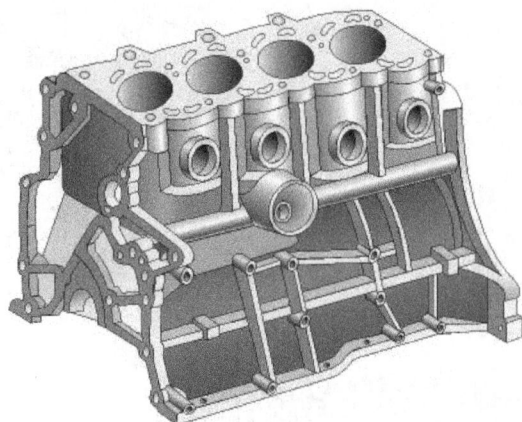

图 4-3　汽缸体

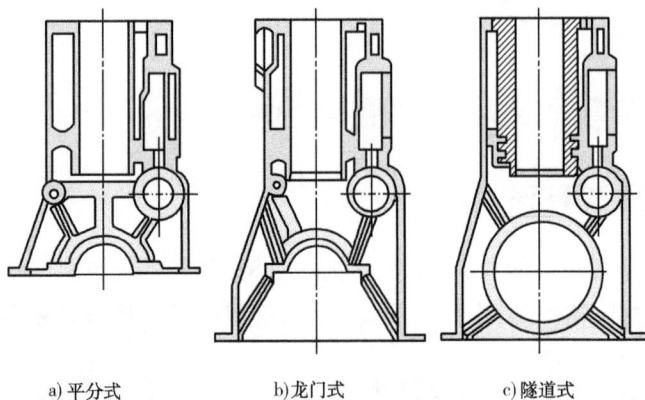

a) 平分式　　　　　b)龙门式　　　　　c)隧道式

图 4-4　汽缸体结构分类

汽缸体按汽缸排列形式可分为直列式、V 形式和对置式,如图 4-5 所示。

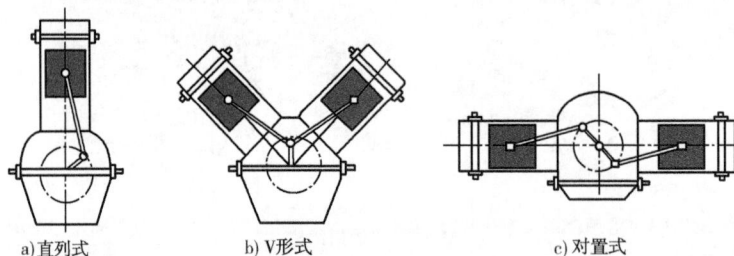

a)直列式　　　　　b) V形式　　　　　c)对置式

图 4-5　汽缸体排列形式

2.汽缸盖

汽缸盖用来封闭汽缸的上部,并与活塞顶、汽缸壁共同构成燃烧室。汽缸盖不仅有与汽缸体相通的冷却水套、油道,还有燃烧室、火花塞座孔(汽油机)或喷油器座孔(柴油机)、进排气道等。

汽油机的燃烧室由活塞顶部及汽缸盖上相应凹部空间组成。汽油机燃烧室常见的形状有楔形燃烧室、盆形燃烧室和半球形燃烧室,如图 4-6 所示。

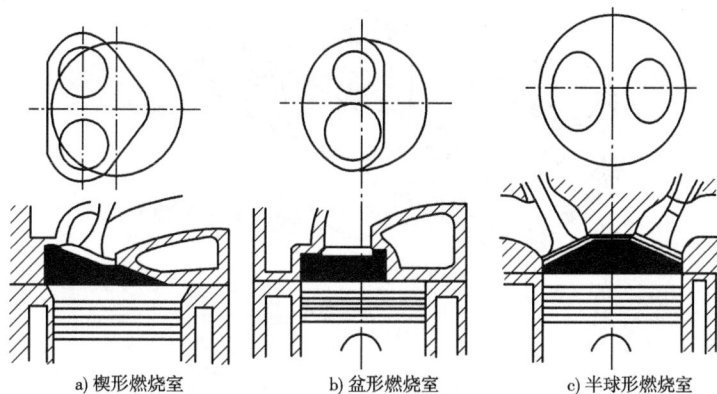

a) 楔形燃烧室　　　　b) 盆形燃烧室　　　　c) 半球形燃烧室

图 4-6　汽油机燃烧室

3. 汽缸垫

汽缸垫安装在汽缸盖与汽缸体之间,作用是保证汽缸盖与汽缸体结合面之间的密封性,防止漏气、漏水、漏油等。目前市面上通常有金属-石棉衬垫、金属-复合材料衬垫和纯金属衬垫等多种形式的汽缸垫。其结构如图 4-7 所示。

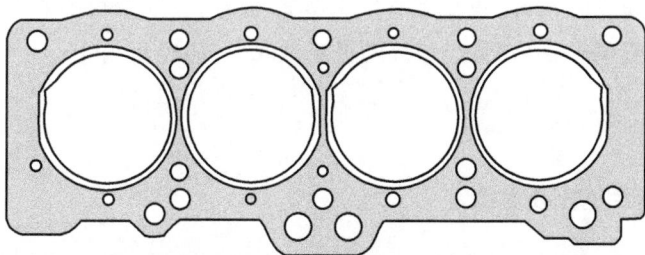

图 4-7　汽缸垫

小提示

发动机大修,必须更换汽缸垫。

4. 油底壳

油底壳的作用是储存机油并封闭曲轴箱。油底壳一般为薄钢板冲压而成,其结构如图 4-8 所示。有的发动机为达到良好的散热效果,采用带有散热片的铝合金铸造而成的油底壳。为保证发动机纵向倾斜时机油泵仍能吸到机油,油底壳中部或后部做得较深。油底壳中还设有挡油板,以减轻油面波动。底部装有带磁性的放油螺塞,以吸附润滑油中的铁屑,减少发动机的磨损。

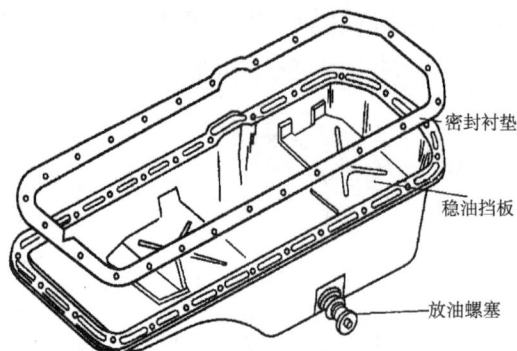

密封衬垫

稳油挡板

放油螺塞

图 4-8　油底壳

相关链接

间隙：机器中有许多相对运动的配合零件，比如汽车发动机中的活塞和汽缸套就是一组相对运动件。活塞在汽缸套内做往复直线运动，为了保证它能运动灵活而不卡死，它和汽缸套之间必须存在缝隙，我们通常称之为间隙。若间隙过大，运动时零件会松动，产生不应有的撞击，使机器出现晃动、噪声而引起早期损坏；若间隙过小，工作时，尤其当工作温度升高时，某些零件受热膨胀容易出现卡滞，造成机器无法正常运转。因此，在机器运动件的制造、维修及报废过程中，间隙的测量都是判别运动件工作的重要依据。

(四)活塞连杆组的主要零部件

活塞连杆组主要由活塞、活塞环、活塞销和连杆等组成，如图 4-9 所示。

1. 活塞

活塞的主要功用是承受燃气压力，并将此力通过活塞销和连杆传给曲轴，推动曲轴旋转。它常采用铝合金材质制成，活塞的基本结构分为顶部、头部和裙部，如图 4-10 所示。

(1)活塞顶部承受气体压力，它是燃烧室的组成部分。汽油机活塞顶部常见类型主要有平顶、凸顶、凹顶及成型顶 4 种类型，如图 4-11 所示。

小提示

有些活塞顶上面有各种记号，用以表明活塞及活塞销的安装方向，装配时，安装记号应该朝向发动机前方。

(2)活塞头部是指活塞销座孔以上至活塞顶部的部分。通常汽油机的活塞头部有 3 ~ 4

道活塞环槽,上面 2～3 道用于安装气环,最下面 1 道用于安装油环。在油环槽侧面通常开有小孔,这些小孔可以使被油环从汽缸壁上刮下来的多余机油流回到油底壳内。

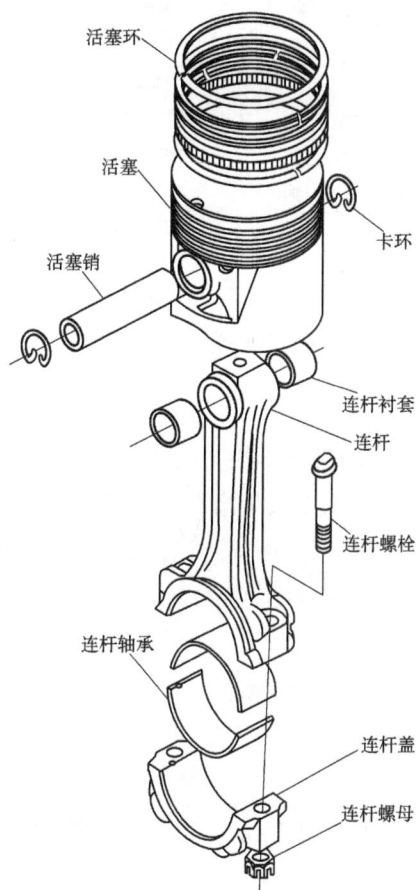

图 4-9　活塞连杆组

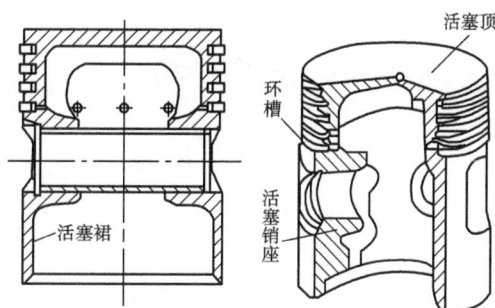

图 4-10　活塞

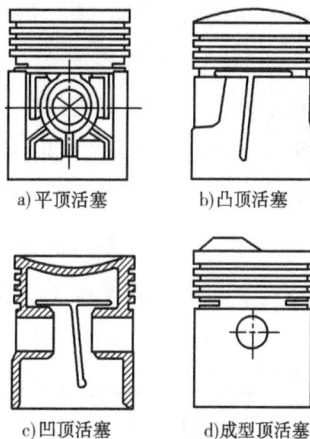

a)平顶活塞　　b)凸顶活塞

c)凹顶活塞　　d)成型顶活塞

图 4-11　活塞类型

(3)活塞裙部的作用是对活塞在汽缸内的往复运动起导向作用,同时承受侧压力。活塞裙部设有活塞销座孔,用于安装活塞销。

2. 活塞环

活塞环是具有弹性的开口环,分为气环和油环,如图 4-12 所示。

1)气环

汽油机的气环通常有 2～3 道,安装在活塞头部气环槽内。其主要作用是保证活塞与汽缸壁之间的密封,防止漏气,同时还将活塞顶部的热量传给汽缸壁。

2)油环

油环有整体式油环和组合式油环 2 种,如图 4-13 所示。油环的作用是刮油和布油。当活塞下行时,油环将汽缸壁上多余的机油刮回到油底壳内,防止机油窜入汽缸燃烧;当活塞上行时,油环在汽缸壁布上一层均匀的油膜,从而减少活塞、活塞环与汽缸壁的摩擦磨损。

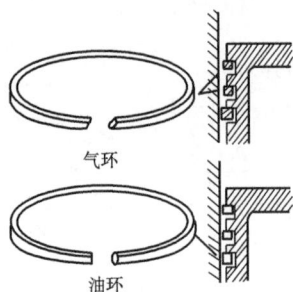

气环

油环

图 4-12　活塞环

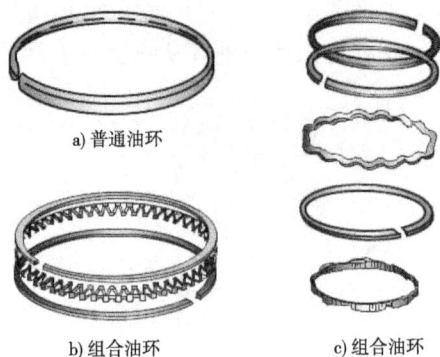

a) 普通油环

b) 组合油环

c) 组合油环

图 4-13　油环

3. 活塞销

活塞销的作用是连接活塞与连杆小头,将活塞承受的气体作用力传给连杆。活塞销的连接方式主要有全浮式和半浮式 2 种,如图 4-14 所示。全浮式是指在发动机正常工作时,活塞销能在活塞销座孔以及连杆衬套内自由转动,从而减少了磨损。半浮式是指活塞销中部与连杆小头紧固连接,活塞只能在活塞销座孔内自由摆动的连接形式。

4. 连杆

连杆的作用是连接活塞与曲轴。连杆小头通过活塞销与活塞相连,连杆大头与曲轴的连杆轴颈相连。它把活塞承受的气体压力传给曲轴,使得活塞的往复运动转变成曲轴的旋转运动。

连杆主要由连杆小头、连杆杆身和连杆大头组成,如图 4-15 所示。连杆大头包括连杆螺栓、连杆盖、连杆轴承等。

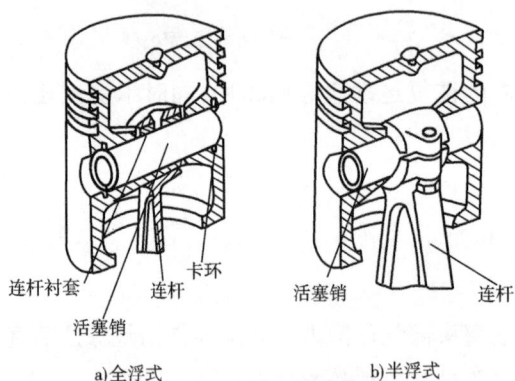

连杆衬套　卡环
活塞销　连杆

a)全浮式

活塞销　连杆

b)半浮式

图 4-14　活塞销的连接形式

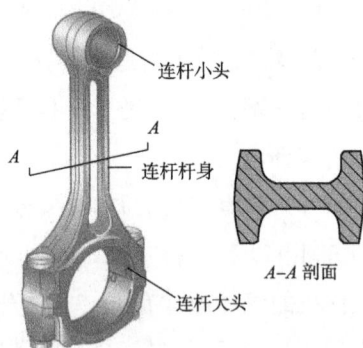

连杆小头

A　A

连杆杆身

A—A 剖面

连杆大头

图 4-15　连杆

(五)曲轴飞轮组的主要零部件

曲轴飞轮组主要由曲轴、飞轮、正时齿轮、曲轴带轮等组成,如图 4-16 所示。

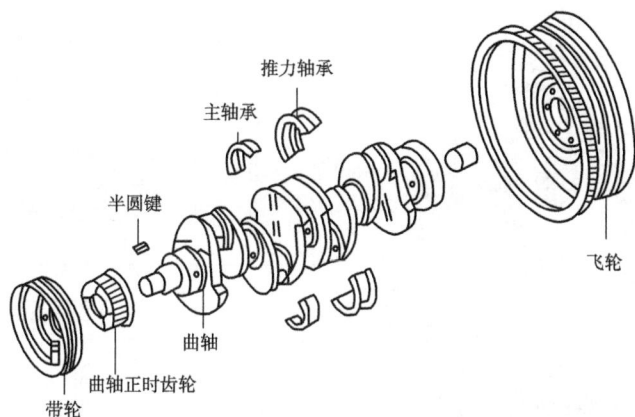

图 4-16　曲轴飞轮组

1. 曲轴

曲轴的作用是把活塞连杆组传来的气体压力转变为转矩并对外输出,同时驱动配气机构及其他附属装置。曲轴一般由主轴颈、连杆轴颈、曲柄、平衡重等组成,如图 4-17 所示。

主轴颈是曲轴的支承部分,通过主轴承支承在曲轴箱的主轴承座中。主轴承的数目不仅与发动机汽缸数目有关,还取决于曲轴的支承方式。曲轴的支承方式一般有两种,一种是全支承曲轴,另一种是非全支承曲轴。全支承曲轴:曲轴的主轴颈数比汽缸数目多1个,即每1个连杆轴颈两边都有1个主轴颈。非全支承曲轴:曲轴的主轴颈数比汽缸数目少或与汽缸数目相等。

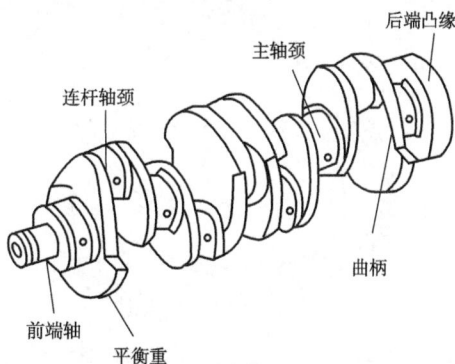

图 4-17　曲轴的组成

2. 曲轴扭转减振器

为了消除曲轴的扭转振动,在有些发动机的曲轴前端装有曲轴扭转减振器。汽车发动机常用的曲轴扭转减振器可以分为橡胶式扭转减振器(图 4-18)及硅油式扭转减振器 2 类。

3. 飞轮

飞轮的主要作用是用来储存做功行程的能量,用于克服进气、压缩和排气行程的阻力及其他阻力,使曲轴能均匀地旋转。飞轮是一个很重的铸铁圆盘,如图 4-19 所示。在飞轮的边缘镶嵌有飞轮齿圈,在发动机起动时,与起动机齿轮啮合,带动曲轴旋转。在飞轮上还刻有正时记号,它用来校准汽油机的点火正时或柴油机的喷油正时。

4. 曲轴轴承

轴承按其承载方向可以分为径向轴承和轴向(推力)轴承。曲轴轴承通常为分开的滑动轴承。该轴承具有钢背,轴承表面为铜-铅、巴比合金、铝或锡等软金属,轴承上有一个定位凸起,轴承上加工有油槽和油孔,如图 4-20 所示。

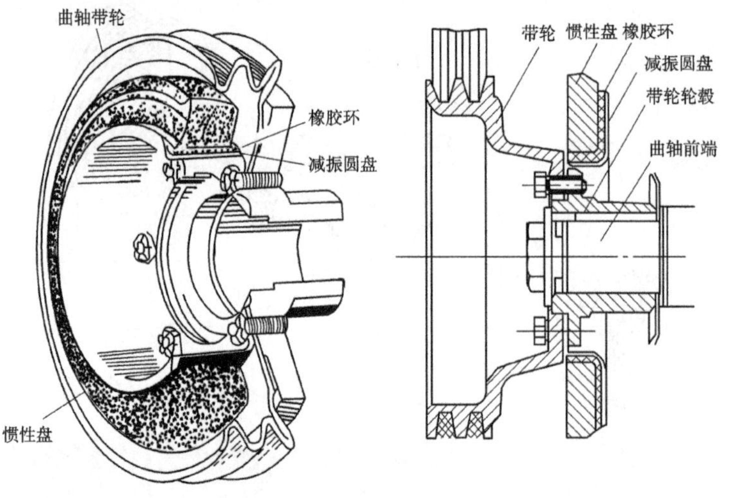

图 4-18　橡胶式扭转减振器

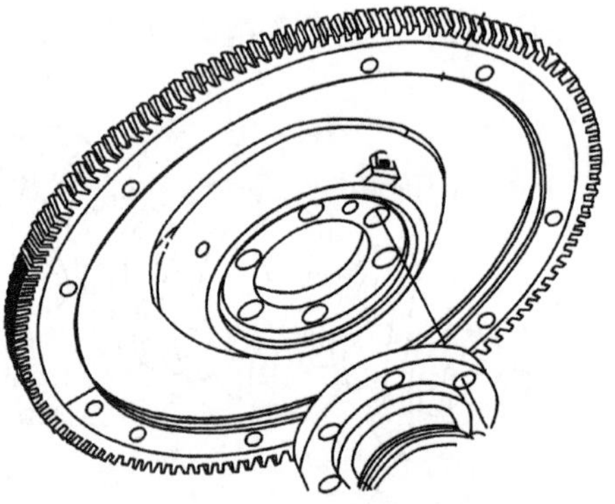

图 4-19　飞轮

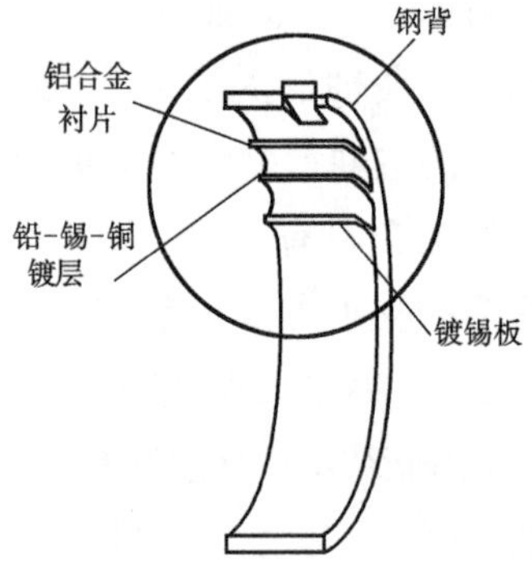

图 4-20　主轴承

　　曲轴在运转过程中发生前后轴向移动(与曲轴的轴线平行的运动),这种移动常常是由于曲轴前端的斜齿轮产生的。轴向移动会使曲轴在缸体上严重磨损。推力轴承用来防止这种轴向移动,而其他发动机则采用独立的推力垫片,如图 4-21 所示。

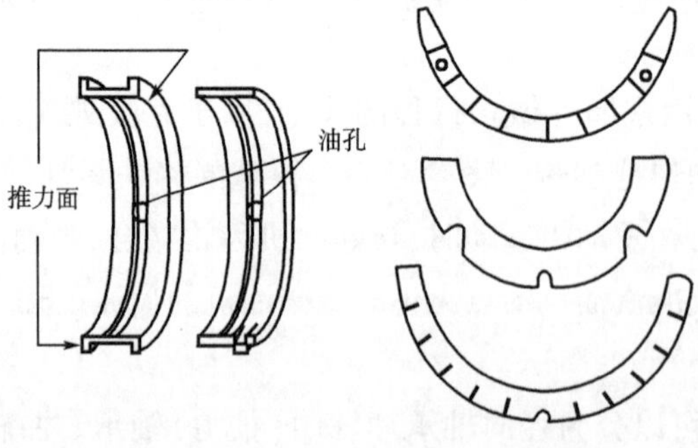

a)推力轴承　　　　　　　b)推力垫片

图 4-21　曲轴轴向定位

二、实 践 操 作

1. 实践准备

（1）工具准备：工具车、工具箱、工件盘、清洁工具等。

（2）材料准备：与车型相配套的维修材料、工作页工单和维修手册等。

（3）及时清理发动机周围的污物。

2. 注意事项

（1）防止擦伤零件结合端面，如不当的敲击和放置等。

（2）注意每个零件的安装位置和摆放顺序。

（3）拆卸下来的零件要合理地进行摆放与清洁。

（4）合理规范地使用工具，注意拆装的安全。

3. 作业准备

（1）进入工位前，将工位清理干净，准备好相关的器材。

（2）操作人员个人安全防护用品要穿戴整齐、使用正确。

（3）外观检查发动机台架有无损坏，做好记录。

（4）从工作页上确认操作内容，准备操作。

4. 拆装操作步骤

1）拆卸

（1）以下操作是将发动机总成从汽车上吊卸下后进行，已经拆下正时链条、凸轮轴、摇臂、液压挺柱等零件。

（2）按顺序分次均匀拧松10个汽缸盖螺栓（图4-22），拆下汽缸盖螺栓。然后从汽缸体上的定位销处撬起汽缸盖（图4-23），将汽缸盖放置在长形木块上，拆下汽缸垫。

图4-22　汽缸盖螺栓的拧松顺序

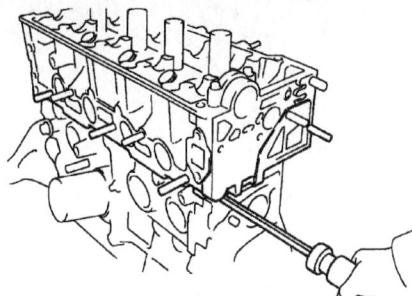

图4-23　撬起汽缸盖

小提示

小心不要损坏汽缸体和汽缸盖接触表面，以及汽缸盖与进、排气歧管接触表面。

（3）拆下油底壳螺栓（图4-24），在汽缸体和油底壳之间插入铲刀，拆下油底壳后，应铲掉密封垫。

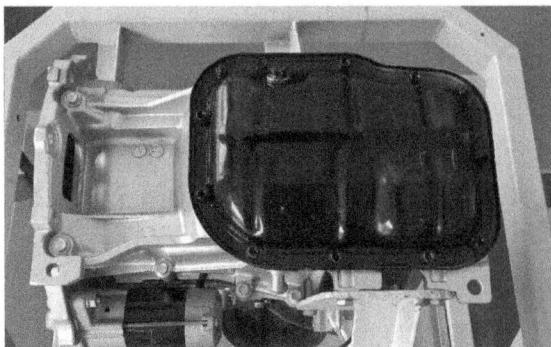

图4-24　拆下油底壳螺栓

（4）依次拆下机油集滤器张紧器及传动链（图4-25），然后拆下机油泵总成（图4-26）。

图4-25　拆下机油滤清器传动链

图4-26　拆下机油集滤器与机油泵总成

（5）拆下起动机（图4-27），依次拆下曲轴箱11个螺栓（图4-28），撬到曲轴箱和汽缸体之间的部位，注意不要损坏曲轴箱和汽缸体的接触面，取下曲轴箱。

（6）检查活塞顶、连杆大头的装配记号，若无记号，用油笔做上记号。当2、3缸活塞位于下止点，拆下连杆螺栓，如图4-29所示取下连杆盖、衬垫及轴承，并依次按顺序摆放整齐。用橡胶棒或榔头木手柄轻敲推出活塞连杆组。转动曲轴，使1、4缸盖活塞位于下止点，按以上步骤再取下1、4缸的活塞连杆组。

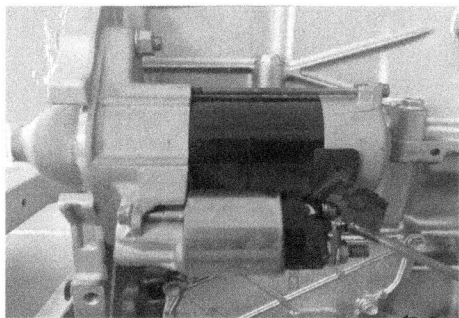

图4-27 拆下起动机

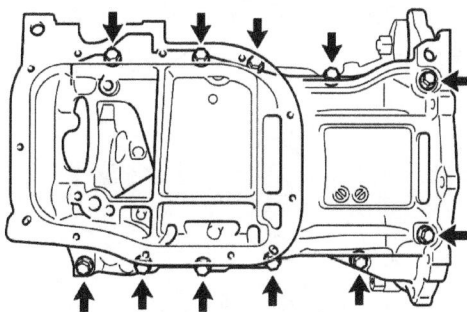

图4-28 拆下曲轴箱

图4-29 拆下连杆螺栓

小提示

为了避免安装时错装,应该把拆下来的同一缸活塞连杆组用连杆螺栓原样安装在一起,再有序摆放。

(7)用专用工具依次拆下8个螺栓,拆下飞轮,如图4-30所示,拆下发动机后油封。

(8)按顺序分次均匀拧松主轴承盖螺栓(图4-31),使用拆下的主轴承盖的螺栓,前后撬动并拆下主轴承盖和推力垫片(图4-32)。抬出曲轴,按正确的顺序摆放主轴承盖和推力垫片。

图4-30 拆下飞轮

图4-31 拆下主轴承盖螺栓顺序

(9)用活塞环拆装钳拆下气环,如图 4-33 所示。用手拆下油环。拆下活塞销卡环,使用专用工具,从活塞中压出活塞销,拆下连杆。

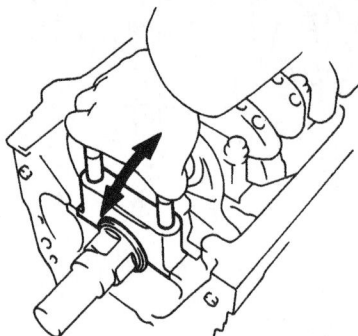

图 4-32　前后撬动主轴承盖

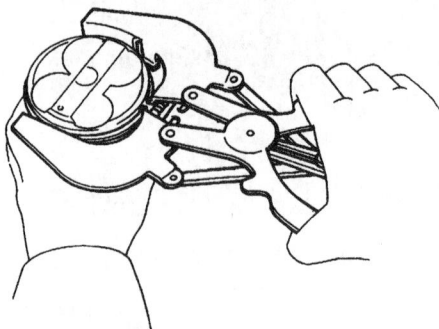

图 4-33　气环的拆卸

小提示

活塞和活塞销是配对的,按正确的顺序摆放活塞、活塞销、活塞环和连杆轴承等。

2)安装

(1)清洗并擦拭干净拆装下来的曲轴、飞轮、轴承、轴承盖及垫片等。

(2)将活塞销、活塞销座孔涂上机油,将新活塞销卡环安装在活塞销座孔一端,加热活塞至 80~90℃,对正活塞和连杆的向前标记(图 4-34),用拇指推入活塞销,安装活塞销卡环。

(3)用手安装油环,使用活塞环拆装钳安装气环,标记向上(图 4-35)。按图 4-36 所示布置活塞环端口。

(4)将轴承安装到连杆和连杆盖中(图 4-37),注意不要在轴承与其接触的零件表面上涂抹机油。

(5)安装上轴承,安装下轴承,注意区分上下轴承,如图 4-38 所示。注意不要在轴承与其接触的零件表面上涂抹机油。

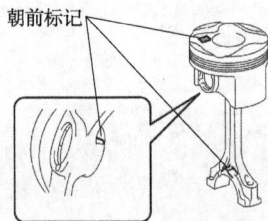

图 4-34　活塞与连杆的安装标记

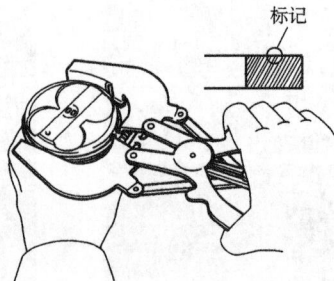

图 4-35　气环的安装

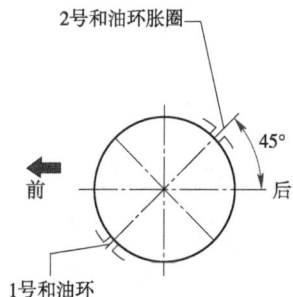

图 4-36　活塞环端口的布置

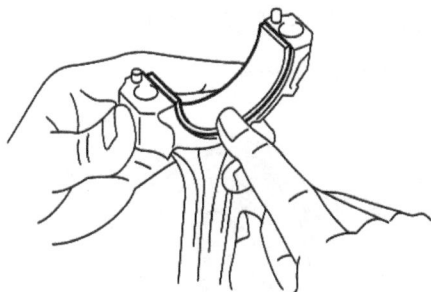

图 4-37　安装连杆轴承

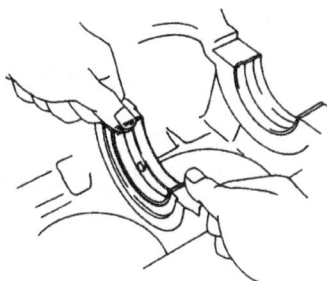

a) 安装上轴承

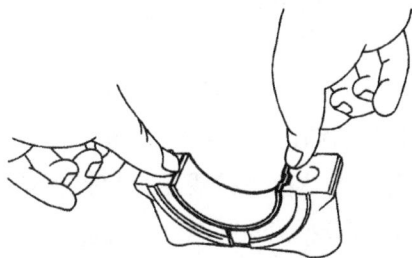

b) 安装下轴承

图 4-38　安装主轴承

（6）在缸体上安装 2 个推力垫片，将曲轴放在缸体上，在对应的主轴承盖上安装 2 个推力垫片，带油槽的一面朝外，如图 4-39 所示。

（7）按顺序安装曲轴轴承盖，注意轴承盖有代号和向前标记（图 4-40）。在主轴盖螺栓的螺纹涂上一薄层机油，按顺序分次以规定力矩拧紧主轴承盖螺栓（图 4-41），并检查曲轴转动是否灵活。

（8）安装发动机后油封，在新的飞轮螺栓上涂抹黏合剂，依次按要求拧紧飞轮螺栓，如图 4-42 所示。

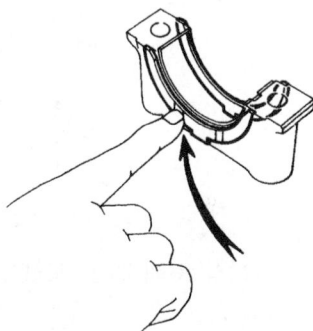

图 4-39　安装止推垫片

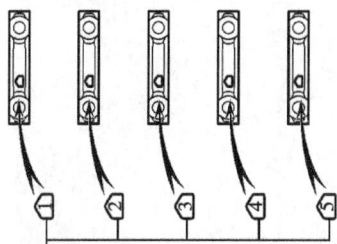

图 4-40　主轴承盖上的向前标记

图 4-41　主轴承盖拧紧顺序

(9)使用活塞环卡箍,按正确的位置把活塞和连杆总成推入各自的汽缸,注意活塞上的朝前标记应朝前,如图 4-43 所示。

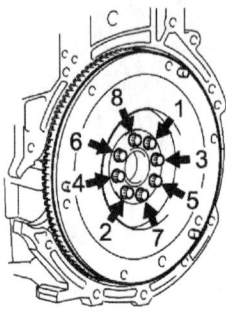

图 4-42　飞轮螺栓拧紧顺序

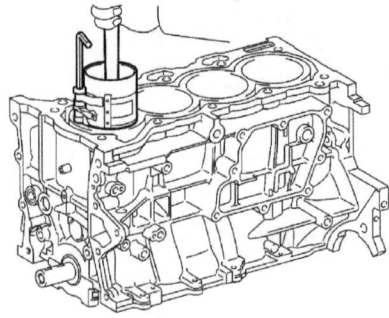

图 4-43　活塞连杆组的安装

(10)按连杆盖和连杆的号码,安装连杆盖,注意朝前标记(图 4-44)。在连杆螺栓螺纹涂上一薄层机油,分次交替按规定力矩拧紧螺母,有些车型还需用油漆在螺母和连杆螺栓上做标记,再将螺母拧紧 90°(图 4-45)。

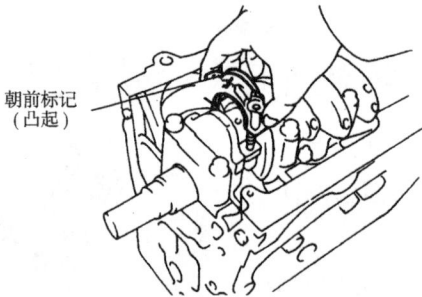

图 4-44　安装连杆盖

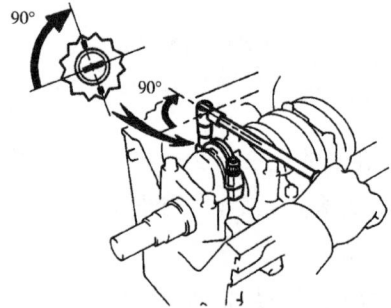

图 4-45　拧紧连杆螺栓

(11)安装曲轴箱,在规定位置连续涂抹密封胶,依次按要求拧紧螺栓,安装机油泵总成,如图 4-46 所示。清除油底壳上的旧密封材料,按要求将密封填料涂在油底壳上,安装油底壳(图 4-47)。用专用工具,安装机油泵传动链与张紧装置,如图 4-48、图 4-49 所示。

图 4-46　安装机油泵

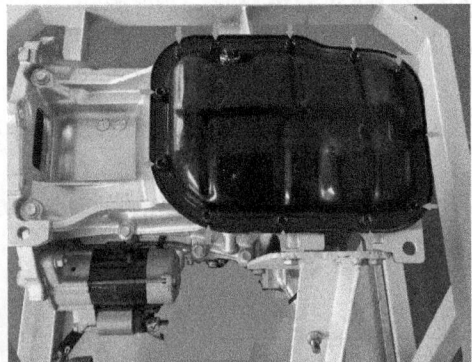

图 4-47　安装油底壳

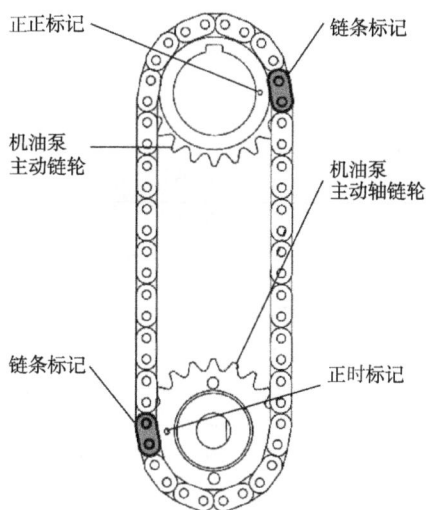

图 4-48　机油泵传动链安装标记

图 4-49　安装机油泵传动链

小提示

涂上密封填料必须在 3 分钟内组装,否则,要清除填料重新喷涂。

(12)在汽缸体上安装新汽缸垫,注意安装方向。在汽缸盖螺栓螺纹上涂上一薄层机油,按图 4-50 所示顺序分次以规定力矩拧紧汽缸盖螺栓。有些车型还需用油漆在汽缸盖螺栓做标记,按顺序再将汽缸盖螺栓分次拧紧 90°、45°,如图 4-51 所示。

图 4-50　汽缸盖螺栓的拧紧顺序

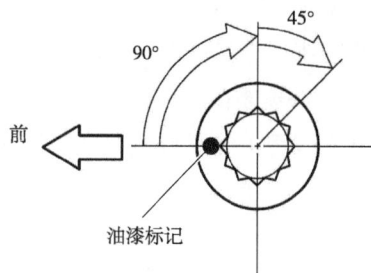

图 4-51　汽缸盖螺栓的拧紧

(13)清理器材,清洁地面卫生。

三、学 习 拓 展

多缸发动机在安排各缸的工作顺序时,各缸的做功间隔应均衡。即发动机每完成一个工作循环,各缸都应着火做功一次,对于缸数为 i 的四冲程发动机而言,其发火间隔角为 $720°/i$。

常见多缸发动机的着火顺序见表4-1和表4-2。

直列四缸发动机工作循环(发火顺序:1-3-4-2)   表4-1

曲轴转角(°)	第一缸	第二缸	第三缸	第四缸
0～180	做功	排气	压缩	进气
180～360	排气	进气	做功	压缩
360～540	进气	压缩	排气	做功
540～720	压缩	做功	进气	排气

直列四缸发动机工作循环(发火顺序:1-2-4-3)   表4-2

曲轴转角(°)	第一缸	第二缸	第三缸	第四缸
0～180	做功	压缩	排气	进气
180～360	排气	做功	进气	压缩
360～540	进气	排气	压缩	做功
540～720	压缩	进气	做功	排气

四、评价与反馈

1. 自我评价与反馈

(1)你能否主动完成工作现场的清洁和整理工作?(   )

    A. 主动完成   B. 被动完成   C. 未完成

(2)完成本学习任务后,你对维修手册等资料的使用是否快速和规范?(   )

    A. 快速规范   B. 规范但不熟练   C. 不会使用

(3)你能否正确规范地完成曲柄连杆机构的拆装?(   )

    A. 独立完成   B. 小组合作完成   C. 在老师的指导下完成

(4)怎样区分活塞环的第一道气环和第二道气环?

_____

_____

(5)你在曲柄连杆机构的拆装过程中遇到的困难是什么?你是怎样解决的?

_____

_____

签名:_____ _____年_____月_____日

2. 小组评价与反馈

(1) 是否完成本学习任务的学习目标？（　　　）

　　A. 完成且效果好　　　　B. 完成但效果不好　　　C. 未完成

(2) 是否积极学习，不懂的是否积极向别人请教，是否积极帮助他人学习？（　　　）

　　A. 积极学习　　　　　　　　　　　　B. 积极请教

　　C. 积极帮助他人　　　　　　　　　　D. 三者都不积极

(3) 零件、工具与油污有没有落地，有无保持作业现场的整洁？（　　　）

　　A. 无掉地且场地整洁　　　　　　　　B. 有零件、工具掉地

　　C. 有油污掉地　　　　　　　　　　　D. 未保持作业现场的清洁

(4) 实施过程中是否注意操作质量和有责任心？（　　　）

　　A. 注意质量，有责任心　　　　　　　B. 不注意质量，有责任心

　　C. 注意质量，无责任心　　　　　　　D. 全无

(5) 在操作过程中是否注意消除安全隐患，在有安全隐患时是否提示其他同学？（　　　）

　　A. 注意，提示　　　　　　　　　　　B. 不注意，未提示

　　　　　　参与评价的同学签名：_____　_____年_____月_____日

3. 教师评价及答复

_____

_____

_____

　　　　　　教师签名：_____　_____年_____月_____日

五、技能考核标准

序号	项目	操作内容	规定分	评分标准	得分
1	准备	清点工量具，整理工位	5分	酌情扣分	
2	拆卸	拆卸油底壳、机油泵	5分	操作不当扣1~5分	
		拆卸曲轴箱	5分	操作不当扣1~5分	
		拆卸活塞连杆组	5分	操作不当扣1~5分	
		拆卸飞轮	5分	操作不当扣1~5分	
		拆卸曲轴	5分	操作不当扣1~5分	
		拆卸活塞环	5分	操作不当扣1~5分	

序号	项目	操作内容	规定分	评分标准	得分
3	安装	安装活塞环	5分	操作不当扣1~5分	
		安装曲轴	5分	操作不当扣1~5分	
		安装飞轮	5分	操作不当扣1~5分	
		安装活塞连杆组	5分	操作不当扣1~5分	
		安装曲轴箱	5分	操作不当扣1~5分	
		安装机油泵、油底壳	5分	操作不当扣1~5分	
4	完成时限	60min	5分	超时,扣1分/min;超时10min以上扣5分	
5	回答问题	根据实际情况提问	10分	酌情扣分	
6	安全文明	无安全隐患,无不文明操作	10分	未达标扣1~10分	
7	结束	工量具清洗、归位	5分	漏一项扣1~3分,未做扣5分	
		工作场地清洁	5分	不彻底扣1~3分,未做扣5分	
		总分	100分		

注:发生重大安全事故得零分!

学习任务五　冷却系统构造与拆装

任务要求

完成本学习任务后,你应该能:

1. 叙述发动机冷却系的组成、作用和工作原理;

2. 识别发动机冷却系的主要零件,并叙述其主要作用;

3. 规范地进行发动机冷却系的拆装。

建议学时:8 学时

任务描述

一辆 2008 年款丰田卡罗拉 1.6GL 型手动挡汽车,搭载直列四缸电控发动机,当该车急速时间过长,则出现发动机冷却液温度过高,加速无力的现象,同时仪表板上的冷却液温度警告灯点亮。冷却系统出现了异常情况,经维修人员诊断,确定水泵和节温器已经损坏,需对冷却系进行拆装检修。

一、理论知识准备

1. 冷却系的功用

冷却系的功用是将受热零件吸收的热量及时散发出去,保证发动机在最适宜的温度范围内工作。

发动机冷却系按照冷却介质不同可以分为风冷系和水冷系。把发动机中高温零件的热量直接散入大气而进行冷却的装置称为风冷系。把这些热量先传给冷却液,然后再散入大气而进行冷却的装置称为水冷系。由于水冷系冷却均匀、效果好,而且发动机运转噪声小,目前汽车发动机上广泛采用的是水冷系。采用水冷却的发动机冷却液工作温度一般为 80~95℃。

发动机工作时,温度过高或过低会造成哪些不利的影响?

2. 冷却系的组成

水冷却系是以水作为冷却介质,把发动机受热零件吸收的热量散发到大气中去。目前汽车发动机上采用的冷却系大都是强制循环式水冷系,利用水泵强制水在冷却系中进行循环流动。它由散热器、水泵、风扇、冷却水套和温度调节装置等组成(图5-1)。

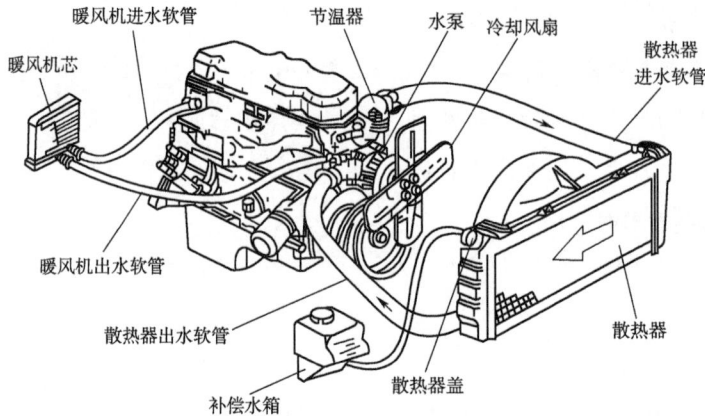

图 5-1　汽车发动机冷却系的组成

散热器内的冷却液加压后通过汽缸体进水孔压送到汽缸体水套和汽缸盖水套内,冷却液在吸收了机体的大量热量后经汽缸盖出水孔流回散热器。由于有风扇的强力抽吸,空气流由前向后高速通过散热器。因此,受热后的冷却液在流过散热器时,热量不断地散发到大气中去,冷却后的水流到散热器的底部,又被水泵抽出,再次压送到发动机的水套中。如此不断循环,把热量不断地送到大气中去,使发动机不断地得到冷却。

通常,冷却液在冷却系内的循环流动路线有两条,一条为大循环,另一条为小循环。所谓大循环是冷却液温度高时,冷却液经过散热器而进行的循环流动;小循环就是冷却液温度低时,冷却液不经过散热器而进行的循环流动,从而使水温升高,如图5-2所示。

3. 冷却系的主要零部件

1)散热器

散热器将冷却液所含的热量通过风扇产生的流动空气进行散发,使冷却液迅速得到冷却,以保持发动机的冷却液温度正常。冷却液经过散热器后,温度降低,为了将散热器传出的热量尽快带走,在散热器后面装有风扇与散热器配合工作。散热器的结构如图5-3所示。

现代汽车散热器盖一般具有空气—蒸气阀,如图5-4所示。当散热器内部压力大于规定值时,蒸气阀打开,蒸气及冷却液由蒸气排出管流出。当发动机停止工作,冷却液温度降低,体积收缩后,散热器内的压力低于大气压力时,空气阀打开,使空气或膨胀水箱中的冷却液流入散热器内,以防止散热器或水管塌陷。散热器盖的这种结构可以提高冷却液的沸点,使冷却液不易沸腾;同时可以提高散热器水与空气的温差,提高冷却效率,并且可以减少冷却液的流失。

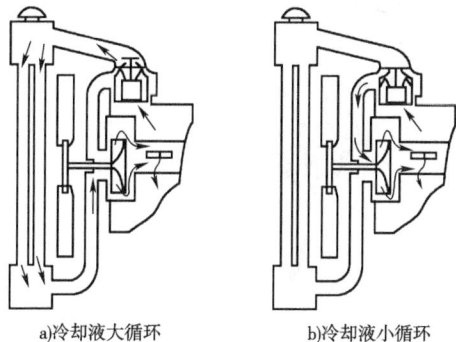

a)冷却液大循环　　　　　b)冷却液小循环

图5-2　发动机冷却系大小循环示意图

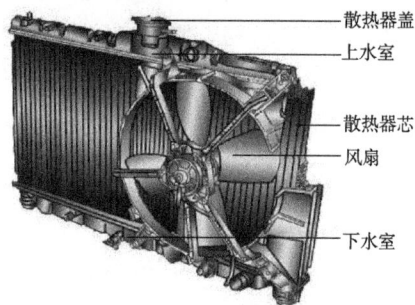

图5-3　散热器

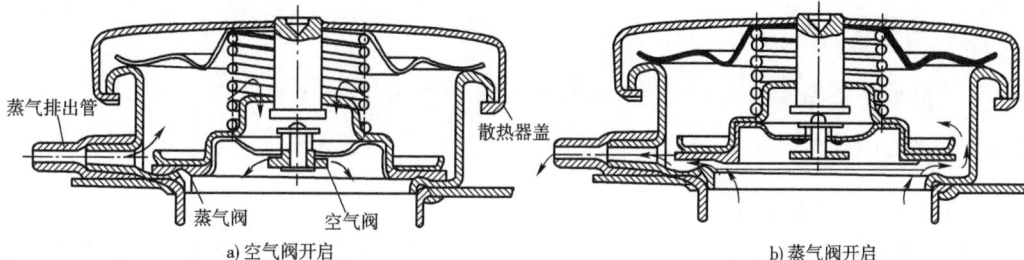

a) 空气阀开启　　　　　　　　　　　　　　b) 蒸气阀开启

图5-4　散热器盖

2）水泵

水泵的作用是对冷却液加压,使冷却液在冷却系中强制循环流动。目前汽车发动机使用离心式水泵。离心式水泵如图5-5所示,离心式水泵主要由泵体、叶轮和水泵轴组成,当叶轮旋转时,水泵中的水被叶轮带动一起旋转,在离心力作用下,水被甩向叶轮边缘,然后经外壳上与叶轮成切线方向的出水管压送到发动机水套内。与此同时,叶轮中心处的压力降低,散热器中的水便经进水管被吸进叶轮中心部分,如此连续的作用,使冷却水在水路中不断地循环。离心式水泵结构简单、尺寸小、排量大,如水泵因故障停止工作时,并不妨碍冷却液在冷却系内自然循环。

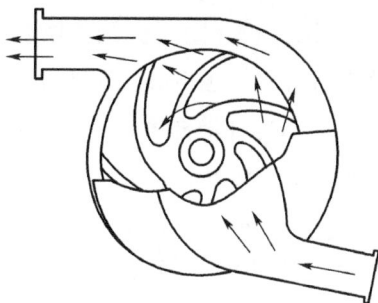

图5-5　水泵

3）节温器

节温器的作用是根据发动机冷却液温度变化来控制通过散热器的冷却液多少,调节冷却系的冷却强度,使发动机保持在正常的工作温度范围。目前汽车上多采用蜡式节温器。当冷却液温度较低时($<87℃$),阀门关闭,冷却液小循环;当冷却液温度高时($>87℃$),阀门逐渐打开,部分冷却液流经散热器进行大循环;冷却液温度达到105℃时,主阀门全开,全部冷却液都流经散热器进行大循环,如图5-6所示。

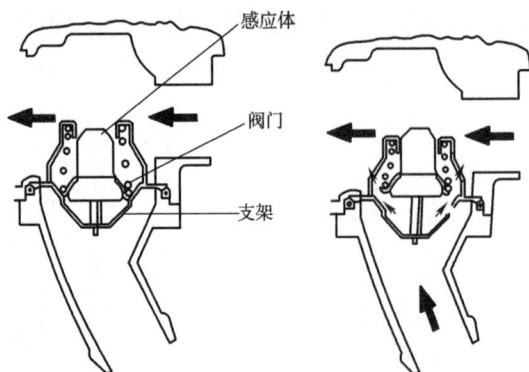

图5-6 节温器工作原理

小提示

　　节温器是冷却系中用来调节冷却强度的重要零件,它的工作是否正常,对发动机工作温度影响很大。

　　4)补偿水箱(膨胀水箱)

　　补偿水箱为冷却液提供了一个膨胀空间,当冷却液受热膨胀后,散热器内多余的冷却液流入到补偿水箱,当温度降低后,补偿水箱中的冷却液又被吸回散热器内。补偿水箱上有两条液面高度标记线,如图5-7所示,冷却液液面高度应在两者之间。有的补偿水箱内还装有液位报警装置。

　　5)冷却风扇

　　冷却风扇(图5-8)的作用是促进散热器的通风,提高散热器的热交换能力。冷却风扇由叶片和连接板组成。发动机在工作时,根据冷却液温度的变化对风扇的工作状态有不同要求。当冷却液温度较低时,风扇不工作;当水温过高时,为了增加散热器的散热能力,风扇必须高速运转,使大量的空气流经散热器(图5-9)。

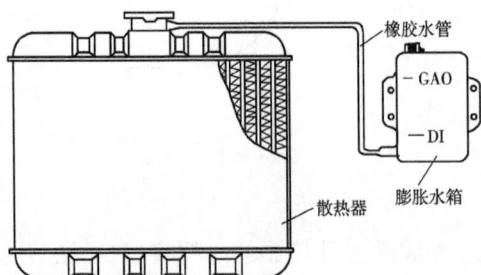

图5-7 补偿水箱与散热器

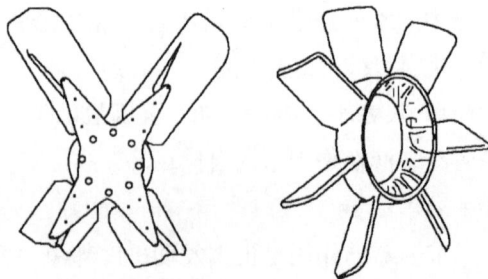

图5-8 风扇

AJR 发动机冷却系所采的双速直流电动风扇是由带感温元件的温控开关、电动风扇和风扇继电器组成,如图5-10所示。根据冷却液温度高低控制风扇以不同转速工作。

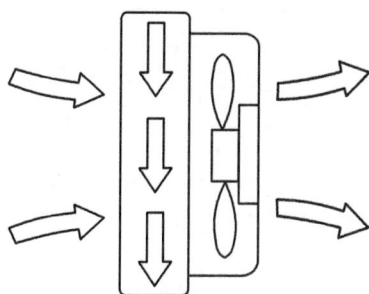

空气流由前向后通过散热器芯

图5-9 风扇工作原理

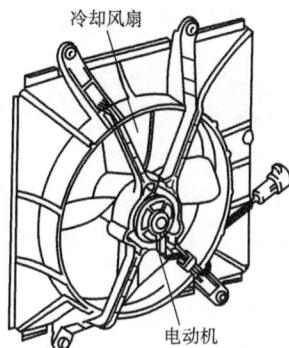

冷却风扇

电动机

图5-10 电动风扇

6)冷却液温度指示器(水温表)

在仪表板上安装有发动机冷却液温度指示器,以便驾驶员监控发动机温度,避免出现过热现象。冷却液温度指示器的电路由冷却液温度传感器(安装在发动机出水管上)、温度指示器和电压稳压器等组成。

二、实 践 操 作

1. 实践准备

(1)工具准备:工具车、工具箱、收集盘等。

(2)材料准备:与该车型相符的冷却液、密封件和维修手册等。

(3)及时清理发动机周围的污物。

2. 注意事项

(1)防止零件被擦伤结合端面,如不当的敲击和放置等。

(2)注意每个零件的安装位置和摆放顺序。

(3)拆卸下来的零件要合理地进行摆放。

(4)合理规范地使用工具,注意拆装的安全。

3. 作业准备

(1)汽车进入工位前,将工位清理干净,准备好相关的器材。

(2)将汽车停驻在举升机中央位置。

(3)拉紧驻车制动器操纵杆,并将变速杆置于空挡位置。

(4)套上转向盘护套、变速杆手柄套和座位套、铺设脚垫。

(5)在车内拉动发动机舱盖手柄,在车外打开并支撑发动机舱盖。

(6)粘贴翼子板磁力护裙。

4.拆装操作步骤

1)拆卸

(1)发动机采用电子控制燃油喷射系统,需先拆下蓄电池负极接线柱。

小提示

在发动机舱中进行工作时,必须考虑风扇可能自动运行,存在受伤危险,务必先把冷却风扇插接件、熔断丝、继电器或电源的其中一样拔除后,再进行下列操作。

(2)等发动机冷却后,将仪表板上的暖风开关拨至右端,打开暖风控制阀。

(3)在散热器盖上盖一块抹布,小心地旋开盖子。

小提示

为了避免烫伤,发动机、散热器还热时,勿拆下散热器盖,防止液体、蒸气喷出。

(4)举升汽车,在发动机下放置一个干净的收集盘,松开夹箍(图5-11)。拔下散热器的下水管(图5-12),放出冷却液。

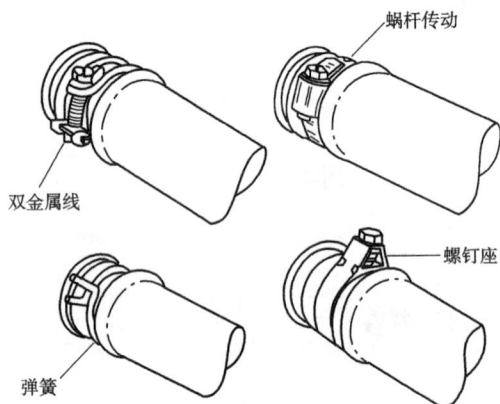

图5-11 冷却系软管卡箍

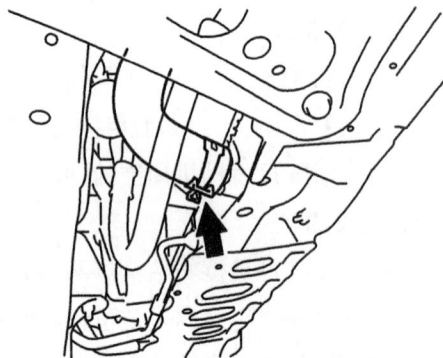

图5-12 拔下散热器下水管

小提示

冷却系统处于带压状态,勿在发动机热机时打开补偿水箱的盖子,有烫伤的危险!

冬季开始时应检查冷却液是否与使用地区的气候条件相适应。

冷却液添加剂和冷却液有害健康,请妥善保管,确保儿童不能触及,否则会有中毒危险。

冷却液有效使用期多为2年,到期或冷却液变脏就必须更换,更换前应排空冷却液。

（5）操纵举升机,将汽车平稳降至地面。

（6）松开散热器的上软管和连接补偿水箱(膨胀水箱)的软管卡箍,并拆下软管,拆下热敏开关插头,如图5-13所示。

（7）拧下下支点支架的固定螺栓,拆下支架,从上支座中卸出散热器,向上抬起散热器,连同冷却风扇与护罩,一起抬出发动机舱。

（8）拧松螺栓B和C,拧松螺栓A,拆卸传动带,如图5-14所示。

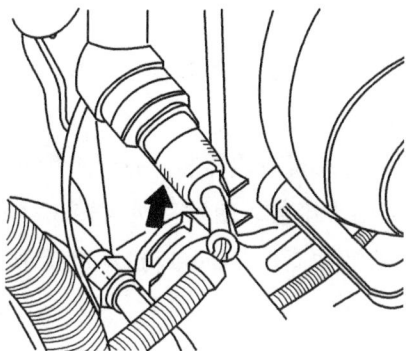

图5-13　拆下热敏开关插头

图5-14　拆卸发动机传动带

（9）拆下冷却液管,松开螺栓,取出节温器盖、O形密封圈和节温器,图5-15所示。

（10）拆下水泵,小心地将其拉出,如图5-16所示。

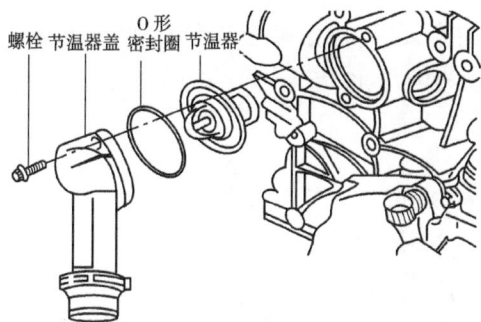

螺栓　节温器盖　O形密封圈　节温器

图5-15　节温器的拆卸

图5-16　水泵的拆卸

2）安装

（1）拆下后应清洗所有零部件并检查,磨损严重的,必须更换新件。清洁缸体上的水泵座孔表面,用冷却液浸湿新的O形密封圈。

（2）安装水泵,罩壳上的凸耳朝下,按规定力矩拧紧水泵螺栓,调整配气相位,安装驱动水泵的齿形带,安装同步齿形带的上、中防护罩。

(3)清洁节温器座,用冷却液浸湿新的 O 形密封圈,安装节温器,安装密封圈、节温器盖,按规定拧紧螺栓。

小提示

在安装节温器时注意方向,节温器的感温部分必须在缸体内,否则会导致发动机冷却不良。

(4)安装发电机及驱动带。

(5)按拆卸相反顺序安装散热器。由于散热器和冷凝器位置很近,为防止损坏冷凝器及制冷管路,注意不要压迫、扭曲及弯曲制冷管路。

(6)从散热器盖加注冷却液直至液面溢出为止,拧紧散热器盖。打开补偿水箱盖,加注冷却液直至液面位于补偿水箱上刻度线,旋紧补偿水箱盖。使发动机运转 5 ~ 7min。关闭发动机,待冷却液下降到规定温度后,检查冷却液液面高度(图 5-17),如冷却液量不足,补充冷却液至适当。勿混用不同牌号的冷却液。

小提示

发动机暖机时,用手捏散热器进水软管和出水软管数次,如冷却液液位下降,添加冷却液。

(7)检查风扇传动带的张紧度,如张紧度不符合要求,拧松螺栓 B 和 C,直至传动带张紧度合适,然后按规定力矩将螺栓 B、C 和 D 拧紧,如图 5-17 所示。

图 5-17　调整传动带的张紧度

(8)拆下翼子板和磁力护裙,关闭发动机舱盖,清理器材,清洁地面卫生。

三、学 习 拓 展

冷却液是蒸馏水与防冻剂的混合物。冷却液用水最好是软水,否则将在发动机水套中产生水垢,纯净水在0℃时会结冰。为了克服这些问题,向冷却液中添加了防冻液,在水中加入防冻剂还可以提高冷却液的沸点,另外防冻剂中通常含有防腐蚀添加剂和抗泡沫添加剂。最常用的防冻剂是乙二醇。防冻液对人和环境是有害的,不应将防冻液排入下水道系统,必须按照一定的程序处理它,处理防冻液最好的方法是回收。

四、评价与反馈

1. 自我评价与反馈

(1)你能否主动完成工作现场的清洁和整理工作?(　　)

　A. 主动完成　　　　　B. 被动完成　　　　　C. 未完成

(2)你能否正确规范地完成冷却系的拆装?(　　)

　A. 独立完成　　　　　B. 小组合作完成　　　　C. 在老师的指导下完成

(3)写出一般轿车冷却系大、小循环的路线。

_____

_____

_____

(4)你在冷却系的拆装过程中遇到的困难是什么?你是怎样解决的?

_____

_____

_____

签名:_____　_____年_____月_____日

2. 小组评价与反馈

(1)是否完成本学习任务的学习目标?(　　)

　A. 完成且效果好　　　B. 完成但效果不好　　　C. 未完成

(2)是否积极学习,不懂的是否积极向别人请教,是否积极帮助他人学习?(　　)

　A. 积极学习　　　　　　　　　　B. 积极请教

　C. 积极帮助他人　　　　　　　　D. 三者都不积极

(3)零件、工具与油污有没有落地,有无保持作业现场的整洁?(　　)

　A. 无掉地且场地整洁　　　　　　B. 有零件、工具掉地

　C. 有油污掉地　　　　　　　　　D. 未保持作业现场的清洁

(4)实施过程中是否注意维修质量和有责任心？（　　）

　　A.注意质量,有责任心　　　　　　　B.不注意质量,有责任心

　　C.注意质量,无责任心　　　　　　　D.全无

(5)在操作过程中是否注意消除安全隐患,在有安全隐患时是否提示其他同学？（　　）

　　A.注意,提示　　　　　　　　　　B.不注意,未提示

　　参与评价的同学签名:_____　_____年_____月_____日

3.教师评价及答复

_____

_____

_____

　　　　教师签名:_____　_____年_____月_____日

五、技能考核标准

序号	项目	操作内容	规定分	评分标准	得分
1	准备	清点工量具,整理工位	5分	酌情扣分	
2	拆卸	拆卸传动带	10分	操作不当扣1~10分	
		拆卸水泵	10分	操作不当扣1~10分	
		拆卸节温器	10分	操作不当扣1~10分	
3	安装	更换密封圈	5分	操作不当扣1~5分	
		安装节温器	5分	操作不当扣1~5分	
		安装水泵	5分	操作不当扣1~5分	
		安装传动带	5分	操作不当扣1~5分	
		调整传动带张紧度	10分	操作不当扣1~10分	
4	完成时限	20min	5分	超时,扣1分/min;超时5min以上扣5分	
5	回答问题	根据实际情况提问	10分	酌情扣分	
6	安全文明	无安全隐患,无不文明操作	10分	未达标扣1~10分	
7	结束	工量具清洗、归位	5分	漏一项扣1~3分,未做扣5分	
		工作场地清洁	5分	不彻底扣1~3分,未做扣5分	
	总分		100分		

注:发生重大安全事故得零分!

学习任务六 润滑系统构造与拆装

任务要求

完成本学习任务后,你应该能:

1.叙述发动机润滑系的组成、作用和工作原理;

2.识别发动机润滑系的主要零件,并叙述其主要作用;

3.规范地进行发动机润滑系的拆装。

建议学时:8 学时

任务描述

一辆2008年款丰田卡罗拉1.6GL手动挡汽车,搭载直列四缸电控发动机,发动机运转5min后,机油压力警示灯点亮,经维修人员检查,发现润滑系统出现了异常情况,需对润滑系进行拆装检修。

一、理论知识准备

(一)润滑系的功用

发动机在工作时,一个运动零件均以一定的力作用在另一个零件上,并且有相对运动,零件表面必然要产生摩擦,从而造成磨损。另外,各运动部件如活塞、曲轴颈、轴瓦等会产生摩擦和阻力,从而使零件发热,以至烧损。为了使发动机能正常有效地工作,必须对其进行润滑。润滑系的功用就是将润滑油输送到发动机各个需要润滑的零部件中,以提高发动机工作可靠性和耐久性。润滑系具有润滑、密封、冷却、清洁、防锈等功能。

(二)润滑系的组成

如图6-1所示,润滑系主要由油底壳、机油集滤器、机油泵、机油滤清器、油道等组成,另外还包括机油压力开关、机油指示灯(仪表板上)、机油冷却器等。

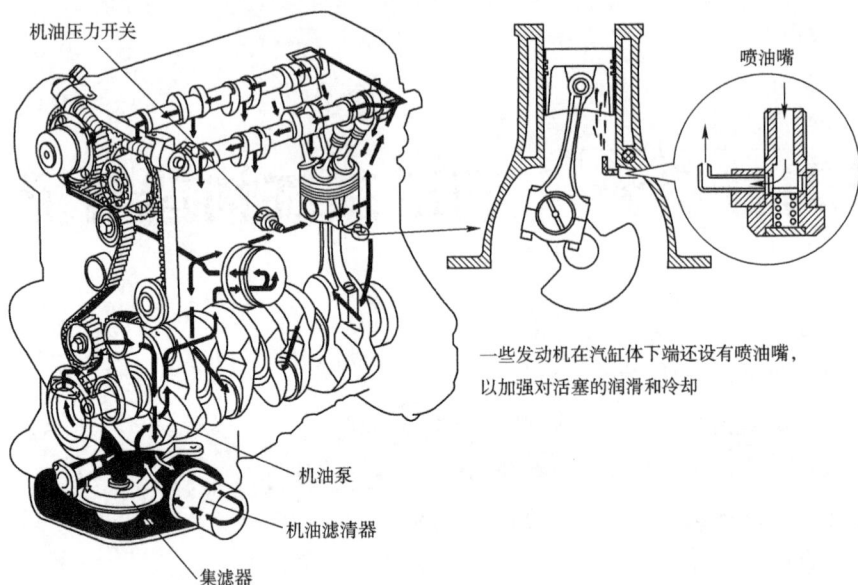

机油压力开关

喷油嘴

一些发动机在汽缸体下端还设有喷油嘴,
以加强对活塞的润滑和冷却

机油泵

机油滤清器

集滤器

图6-1　润滑系的组成

(三)润滑系润滑方式与润滑油路

润滑系的润滑方式有压力润滑、飞溅润滑以及定期润滑。

1. 压力润滑

压力润滑通过机油泵,将一定压力和流量的润滑油连续不断地输送到各摩擦表面进行润滑。这种润滑方式是发动机中最重要的一种润滑方式,适用于工作荷载大、相对速度高的运动件表面,如曲轴主轴承、连杆轴承、凸轮轴轴承等,需要以一定压力将润滑油输送到摩擦面的间隙中,方能形成油膜以保证润滑。

2. 飞溅润滑

飞溅润滑利用运动零件旋转时飞溅起来的油滴或油雾来润滑摩擦表面。此法适用于荷载较轻、相对速度较低的运动件表面,如活塞、汽缸壁、凸轮、正时齿轮、摇臂、气门等。

3. 定期润滑

定期润滑是指采用定期加注润滑脂的方式进行润滑,如水泵轴承、发电机轴承、起动机轴承的润滑等。近年来在发动机上有采用含有耐磨润滑材料的轴承来代替加注润滑脂的轴承。

目前,发动机润滑系多采用压力润滑与飞溅润滑相结合的润滑方式。

常见的润滑油路如图6-2所示。发动机工作时,润滑油从油底壳经集滤器初步过滤后进入机油泵,由机油泵提高压力后再进入机油滤清器,经过机油滤清器过滤后的润滑油进入主油道,输送到各润滑部位(曲轴轴颈、连杆轴颈、凸轮轴轴颈等),润滑结束后机油流回到油底壳。曲轴旋转时将机油飞溅起来,在汽缸壁等金属表面形成油膜,从而减小摩擦。

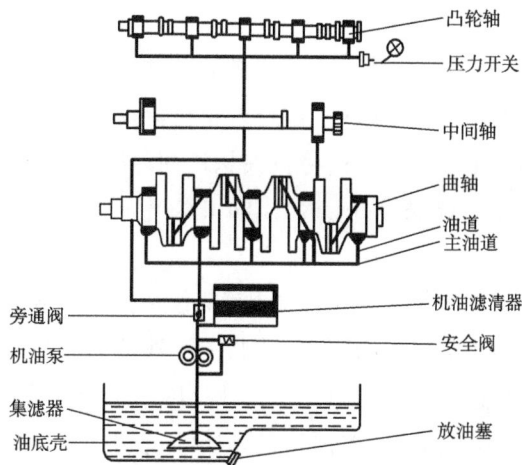

图 6-2　润滑油路示意图

(四)润滑系主要零部件

1. 机油泵

机油泵的作用是将机油提高到一定的压力后送到各机件摩擦表面,保证机油不断地在润滑系内循环。常见类型有:齿轮式机油泵、转子式机油泵。

1)外啮合齿轮式机油泵

外啮合齿轮式机油泵结构简单,加工方便且工作可靠,使用寿命长,能提供较高的机油压力,国产桑塔纳等轿车采用。齿轮式机油泵由主动轴、主动齿轮、从动轴、从动齿轮、壳体等组成,当发动机工作时,机油泵主动齿轮带动从动齿轮按图示方向旋转(图 6-3),在油泵进油口处随着容积增大产生真空度,将机油从进油口吸入,随着齿轮的转动,被轮齿带到油泵出油口处,由于容积减小,油压提高,润滑油被输送到机油滤清器或主油道。

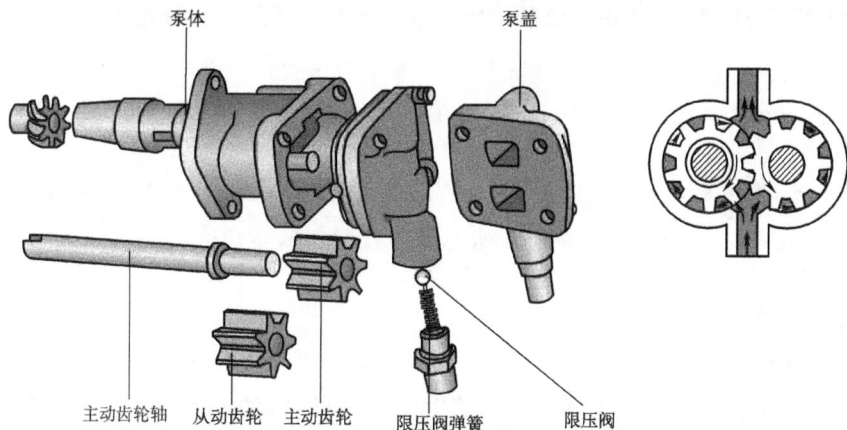

图 6-3　外啮合齿轮式机油泵

2) 内啮合齿轮式机油泵

凯越 L91 或 L97 发动机采用内啮合齿轮式机油泵,如图 6-4 所示。当发动机工作时,主动齿轮带动从动齿轮以相同的方向旋转。内外齿轮在转到进油口处时,沿旋转方向两者形成的空间逐渐增大,产生一定的真空度,将机油从进油口吸入。在靠近出油口处,内、外齿轮间的空间逐渐减小,油压升高,机油从油泵出油口送出。

3) 转子式机油泵

转子式机油泵由壳体、内转子、外转子和泵盖等组成。如图 6-5 所示,内转子为主动转子,内、外转子之间有一定的偏心距。内转子的凸齿比外转子的凹齿少一个,旋转时两转子之间的工作腔容积不断变化,在进油道的一侧空腔,由于转子脱开啮合,容积逐渐增大,产生真空,机油被吸入,转子继续旋转,机油被带到出油道的一侧,这时,转子正好进入啮合,使这一空腔容积减小,油压升高,机油从齿间挤出并经出油道压送出去。这样,随着转子的不断旋转,机油就不断地被吸入和压出。转子式机油泵结构紧凑,泵油量大,供油均匀。丰田 5A 及 8A 发动机、桑塔纳 AJR 发动机采用转子式机油泵。

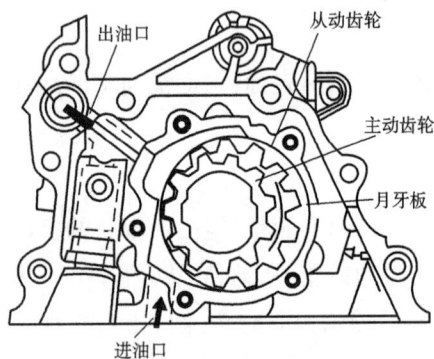

图 6-4 内啮合齿轮式机油泵

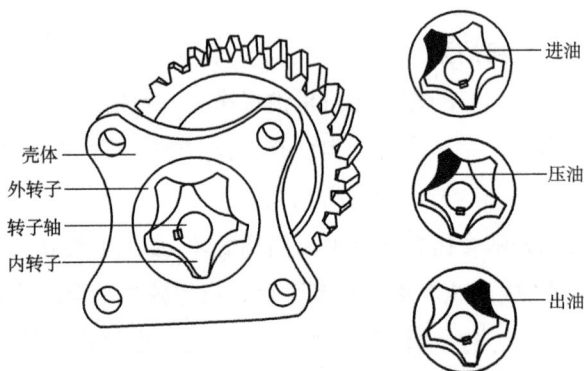

图 6-5 转子式机油泵

为了保证润滑可靠,一般机油泵的实际供油量比润滑系的循环油量大 2~3 倍。

小提示

溢流阀(也称为安全阀或限压阀)安装在机油泵壳体上,控制润滑系统的最高油压,当油压达到规定值时,溢流阀自动开启使多余的机油流回油底壳。

2. 机油滤清装置

发动机工作时,金属磨屑和大气中的尘埃以及燃料燃烧不完全所产生的炭粒会渗入到机油中,机油本身也因受热氧化而产生胶状沉淀物,所以机油中会含有这些杂质。如果把这样的脏机油直接送到运动零件表面,机油中的机械杂质就会成为磨料,加速零件的磨损,并且引起油道堵塞及活塞环、气门等零件胶结。因此必须在润滑系中设有机油滤清器,使循环流动的机油在送往运动零件表面之前得到净化处理。

机油滤清装置的作用是对不断循环的润滑油进行过滤,清除润滑油中的各种杂质,保持润滑油的清洁。润滑系中一般装有几个不同滤清能力的滤清器:机油集滤器、机油滤清器。

1)机油集滤器

机油集滤器一般是金属丝滤网,装在机油泵之前,其作用是防止机油中一些颗粒较大的杂质进入机油泵,如图6-6所示。

2)机油滤清器

机油滤清器多采用纸质滤清芯(图6-7a),被机油泵所泵送的全部机油都需要通过机油滤清器,滤掉机油内所含的杂质,机油滤清器要进行定期更换。

如图6-7b)所示,由于机油滤清器没有及时更换滤芯或其他原因造成滤芯堵塞时,机油压力升高使旁通阀开启,机油将不通过滤芯直接进入汽缸体油道。

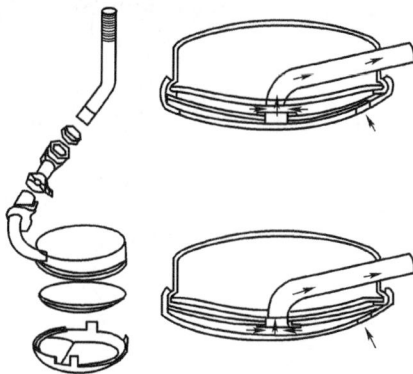

图6-6　机油集滤器

> **小提示**
>
> 机油滤清器是需要定期更换的零件,达到规定行驶里程时要进行更换。一般情况下当更换机油时要同时更换机油滤清器。

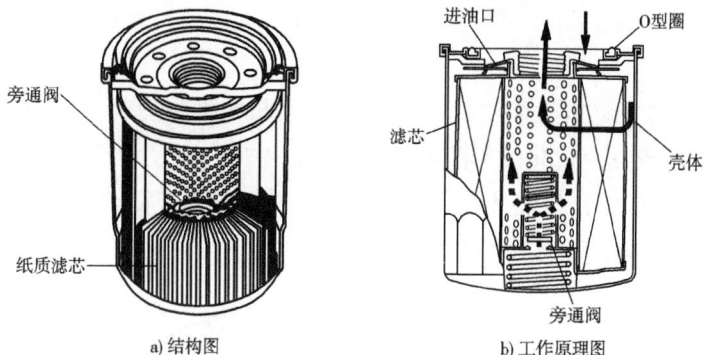

a)结构图　　　b)工作原理图

图6-7　机油滤清器

机油过滤方式有两种:全通式和旁通式(图6-8)。发动机工作时全通式系统在机油进入油道之前将它全部过滤。而旁通式系统仅过滤部分机油,大约90%的机油被直接泵到发动机,仅约10%的机油被送到机油滤清器来过滤。如果该滤清器堵塞,则没有机油能被过滤。

3. 油底壳

油底壳又称机油盘(图6-9),用于收集和储存润滑油,密封曲轴箱。一般用薄钢板冲压而成,内有稳油挡板和放油螺塞。

a) 全通式过滤
b) 旁通式过滤

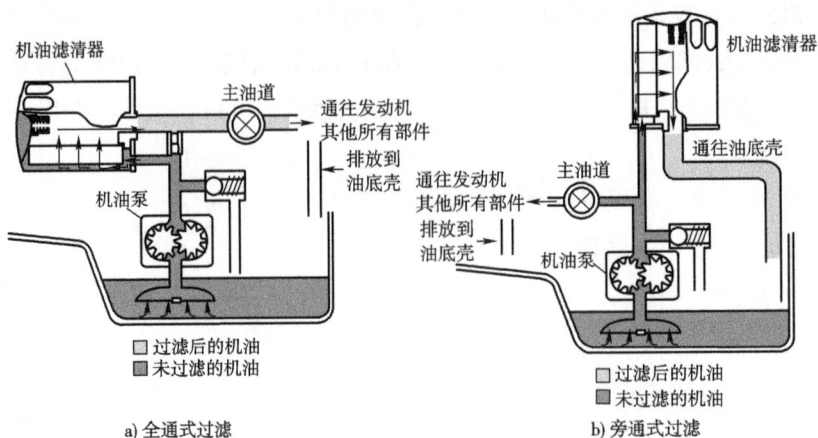

图 6-8　机油过滤的方式

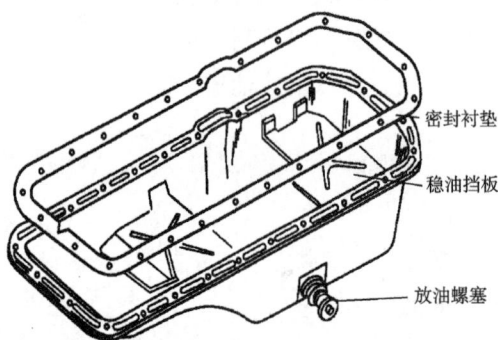

图 6-9　油底壳

4. 机油尺

机油尺用来检查发动机机油量的多少,检查发动机机油量应将汽车停放在坚硬平坦的地面上,将发动机预热 3~5min(冷却液温度达到 60~70℃),发动机停止运转 2~3min 后,拔出机油尺观察(图 6-10),机油处于上限(MAX 或 F 标记)、下限(MIN 或 L 标记)之间,说明机油量合适,如图 6-11 所示。

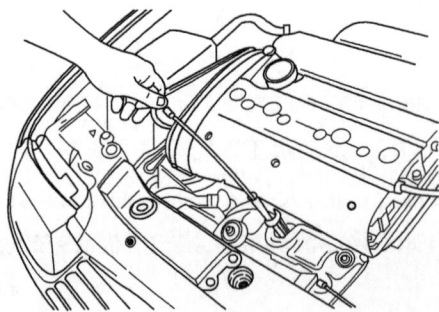

图 6-10　机油标尺安装位置

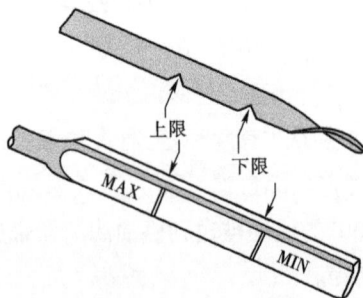

图 6-11　机油液面高度

5. 发动机机油

发动机机油是从石油中提炼出来的,并加入多种添加剂以适应发动机工作的需求。机油的品质及选择是否合理,对润滑效果和发动机机零部件的使用寿命有很大的影响。

发动机机油可按照机油的品质和黏度标准分为若干级别。目前常用的有 SAE(美国汽车工程师协会)采用的是黏度分类标准和 API(美国石油协会)采用的是机油品质分类标准。

常见的发动机机油牌号的介绍(牌号为 SAE15W-40):如图 6-12 所示。

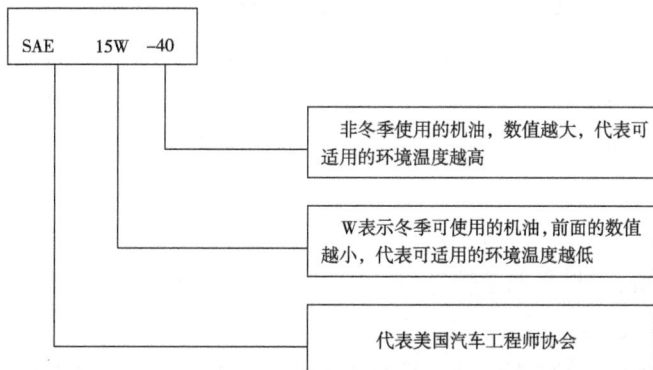

图 6-12 发动机标号示例

小提示

机油会对水形成污染,不允许排入地表水域和下水道,作业只能在防渗的地面上进行。废弃的机油要单独盛装,并妥善保管和回收利用。沾上机油的抹布或物品,不得作为生活垃圾处理。

机油对人的皮肤有损害,作业时应穿戴上防护手套和防护服。如皮肤洒上机油,应立即用水和肥皂清洗,勿用汽油或溶剂作为清洁品。眼睛接触到机油,应用水认真冲洗,然后尽快去医院治疗。机油是易燃物,存放和作业必须远离火源。

二、实践操作

1. 实践准备

(1)工具准备:工具车、工具箱、放油盘等。

(2)材料准备:与该车型相符的机油、密封件和维修手册等。

(3)及时清理发动机周围的污物。

2. 注意事项

(1)防止零件被擦伤结合端面,如不当的敲击和放置等。

（2）注意每个零件的安装位置和摆放顺序。

（3）拆卸下来的零件要合理地进行摆放。

（4）合理规范地使用工具，注意拆装的安全。

3. 作业准备

（1）汽车进入工位前，将工位清理干净，准备好相关的器材。

（2）将汽车停驻在举升机中央位置。

（3）拉紧驻车制动器操纵杆，并将变速杆置于空挡位置。

（4）套上转向盘护套、变速杆手柄套和座位套、铺设脚垫。

（5）在车内拉动发动机舱盖手柄，在车外打开并支撑发动机舱盖（图6-13）。

（6）粘贴翼子板磁力护裙。

4. 拆装操作步骤

1）拆卸

（1）起动发动机，保持怠速运转3～5min，冷却液温度表指示达到60～70℃后，关闭点火开关，发动机停止运转。

（2）断开蓄电池负极电缆，拆卸正时带及其后罩，断开机油压力开关插头，如图6-14所示。

图6-13　支撑发动机舱盖

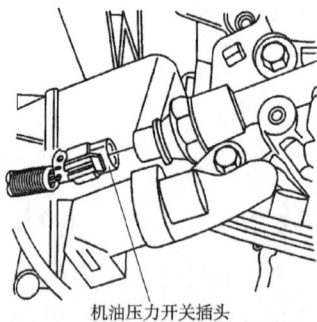

机油压力开关插头

图6-14　断开机油压力开关插头

（3）放出油底壳中的机油。

①调整举升机，使4个提升臂托垫正对汽车底部的举升支撑点。

②操作举升机，将汽车升到适当高度。

③检查曲轴前、后油封和放油螺塞、油底壳衬垫等处是否有机油泄漏现象，油底壳是否存在变形现象。

④将机油回收器放于油底壳放油螺塞的正下方，用梅花扳手拧松放油螺塞，用手缓缓旋出放油螺塞，让废机油流出，如图6-15所示。

想一想

放机油前，为什么要预热发动机？

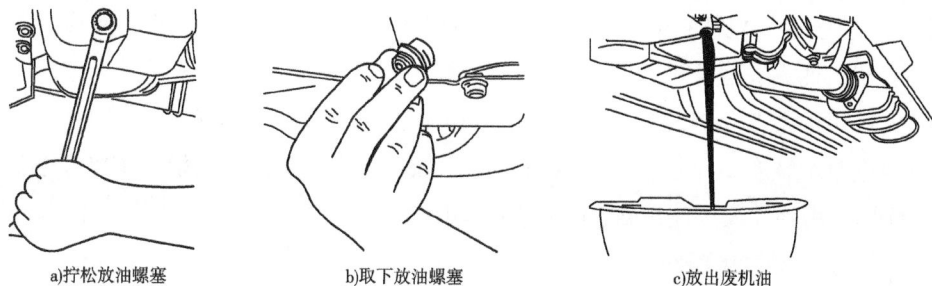

a)拧松放油螺塞　　　　b)取下放油螺塞　　　　c)放出废机油

图 6-15　放出废机油

(3)用专用的机油滤清器拆装工具拆下机油滤清器,如图 6-16 所示。

(4)从排气歧管上拧下催化转换器固定螺母,拆卸下横梁托架。

(5)如图 6-17 所示,按规定将油底壳固定螺栓拆下。取下油底壳,并清理油底壳与汽缸体的结合表面。

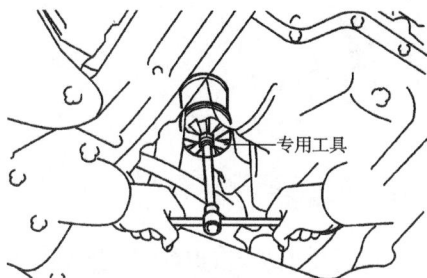

图 6-16　拆下机油滤清器

图 6-17　拆下油底壳固定螺栓

(6)拆下机油泵传动链张紧装置,拆下机油泵传动链与链轮,如图 6-18 所示。

(7)拧下机油泵固定螺栓,拆下机油泵,如图 6-19 所示。

图 6-18　拆下机油泵传动链

图 6-19　拆下机油集滤器与机油泵

2)安装

(1)在机油泵螺栓上涂上快干胶,在新的机油泵衬垫上涂上硫化密封剂。

（2）将衬垫安装到机油泵上，再用螺栓将机油泵固定在汽缸体上，按规定力矩拧紧螺栓。

（3）安装机油集滤器及机油泵，按规定拧紧螺栓。

（4）安装机油泵传动链，按标记对正，如图6-20所示，按规定拧紧螺栓。

（5）检查放油螺塞垫片是否损坏（图6-21）。如有断裂应更换。用棉纱擦净放油螺塞上吸附的金属屑，用手拧入放油螺塞，再按规定力矩拧紧。

图6-20　安装机油泵传动链

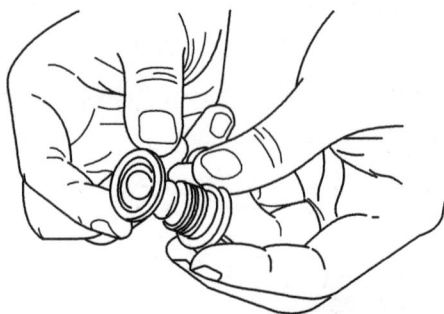

图6-21　检查放油螺塞的垫片

（6）在新的油底壳衬垫上涂上硫化密封剂，5min后将衬垫安放在油底壳结合表面上，举起油底壳，将其按规定力矩拧紧固定。

（7）安装催化转换器，安装下横梁托架。

（8）连接机油压力开关插头，安装正时带后罩及正时带，连接蓄电池负极电缆。

（9）操纵举升机，将汽车平稳降至地面。

（10）清洁发动机缸体上的机油滤清器安装座，然后在机油滤清器橡皮密封片上涂一层清洁的机油。橡皮密封垫片安装到位后，用手安装机油滤清器，再用专用工具按照规定力矩将其拧紧（图6-22）。

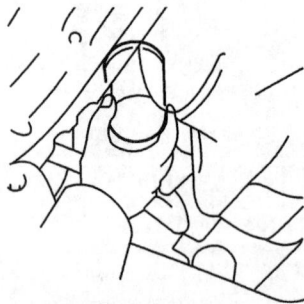

a) 安装机油滤清器

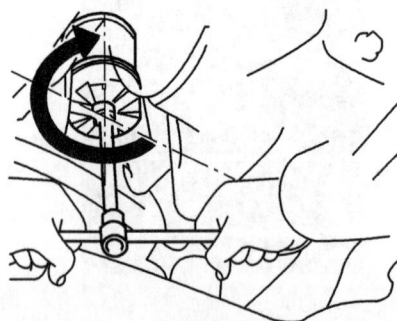

b) 拧紧机油滤清器

图6-22　安装机油滤清器

（11）加注并检查机油液面高度。

①用棉纱清洁机油加注盖周围,旋下加注盖,使用漏斗加注机油,如图6-23所示。

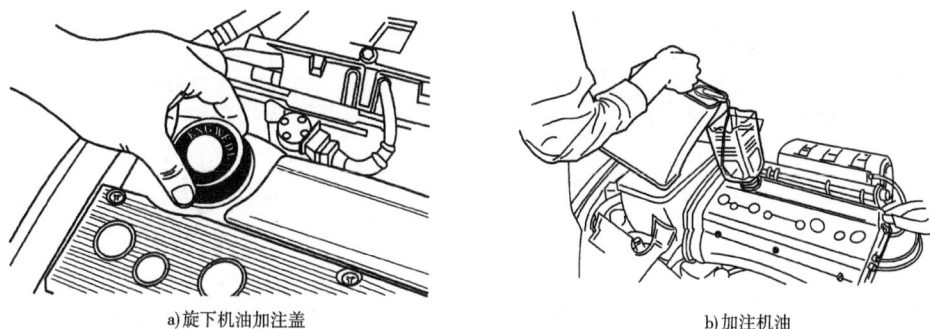

a)旋下机油加注盖　　　　　　　　　　　　b)加注机油

图 6-23　加注机油

②当加注量接近4L的3/4时,停止加注机油。2～3min后,检查机油液面高度是否位于机油尺上、下限之间,如图6-24所示。边检查机油液面高度边加注机油,液面高度不允许高于机油尺的上限。

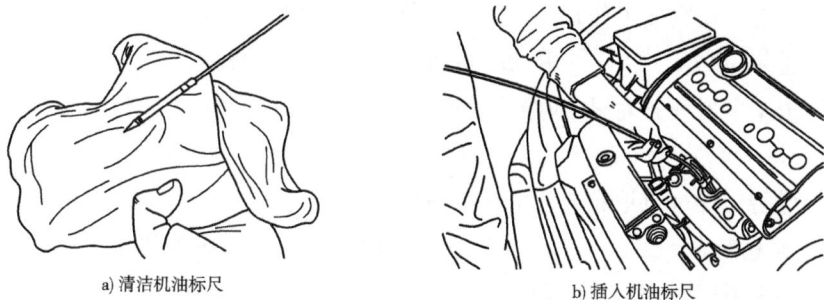

a) 清洁机油标尺　　　　　　　　　　　　b)插入机油标尺

图 6-24　检查机油液面

③起动发动机怠速运转3～5min,停止发动机运转2～3min,再检查机油液面高度。液面偏上限为正常,如偏下限应适量添加机油,高于上限应放出适量机油。

小提示

注意不要将机油滴漏在油底壳和汽缸体的接触表面上。

（12）处理好废机油,拆下翼子板磁力护裙,关闭发动机舱盖。

（13）清理器材,清洁地面卫生。

三、学 习 拓 展

油压指示装置用来指示发动机工作时润滑机油压力的大小。它主要由油压表(油压警告灯)和油压传感器(油压开关)组成,两者之间用导线连接。油压传感器(油压开关)安装在主油道上,它检测机油压力的高低并传给油压表(油压警告灯)。油压表(油压警告灯)安装在驾驶室内的仪表板上,用来显示机油压力是否正常,如图6-25所示。

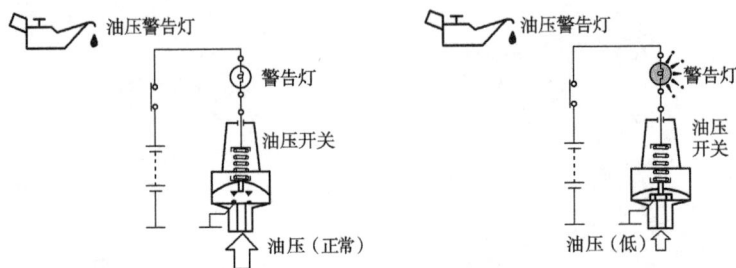

图6-25　机油压力表

四、评价与反馈

1. 自我评价与反馈

(1)你能否主动完成工作现场的清洁和整理工作?(　　)

　　A. 主动完成　　　　　　B. 被动完成　　　　　　C. 未完成

(2)完成本学习任务后,你对维修手册等资料的使用是否快速和规范?(　　)

　　A. 快速规范　　　　　　B. 规范但不熟练　　　　　C. 不会使用

(3)你能否正确规范地完成润滑系的拆装?(　　)

　　A. 独立完成　　　　　B. 小组合作完成　　　　C. 在老师的指导下完成

(4)写出一般轿车润滑系的润滑油路。

_____

_____

(5)你在润滑系的拆装过程中遇到的困难是什么?你是怎样解决的?

_____

_____

　　　　　　　　　　签名:_____　　_____年_____月_____日

2. 小组评价与反馈

(1)是否完成本学习任务的学习目标?(　　)

　　A. 完成且效果好　　　B. 完成但效果不好　　　C. 未完成

(2)是否积极学习,不懂的是否积极向别人请教,是否积极帮助他人学习?(　　)

　　A. 积极学习　　　　　　　　　　　　B. 积极请教

　　C. 积极帮助他人　　　　　　　　　　D. 三者都不积极

(3)零件、工具与油污有没有落地,有无保持作业现场的整洁?(　　　)

　　A.无掉地且场地整洁　　　　　　　　B.有零件、工具掉地

　　C.有油污掉地　　　　　　　　　　　D.未保持作业现场的清洁

(4)实施过程中是否注意维修质量和有责任心?(　　　)

　　A.注意质量,有责任心　　　　　　　B.不注意质量,有责任心

　　C.注意质量,无责任心　　　　　　　D.全无

(5)在操作过程中是否注意消除安全隐患,在有安全隐患时是否提示其他同学?(　　　)

　　A.注意,提示　　　　　　　　　　　B.不注意,未提示

　　　　参与评价的同学签名:_____　　_____年_____月_____日

3.教师评价及答复

_____

_____

_____

　　　　　　　教师签名:_____　　_____年_____月_____日

五、技能考核标准

序号	项目	操作内容	规定分	评分标准	得分
1	准备	清点工量具,整理工位	5分	酌情扣分	
2	拆卸	拆卸机油滤清器	5分	操作不当扣1~5分	
		拆卸油底壳	5分	操作不当扣1~5分	
		拆卸传动链	5分	操作不当扣1~5分	
		拆卸机油泵	5分	操作不当扣1~5分	
		拆卸集滤器	5分	操作不当扣1~5分	
		分解机油泵	5分	操作不当扣1~5分	
3	安装	组装机油泵	5分	操作不当扣1~5分	
		安装集滤器	5分	操作不当扣1~5分	
		安装机油泵	5分	操作不当扣1~5分	
		安装传动链	5分	操作不当扣1~5分	
		安装油底壳	5分	操作不当扣1~5分	
		安装机油滤清器	5分	操作不当扣1~5分	
4	完成时限	15min	5分	超时,扣1分/min; 超时5min以上扣5分	
5	回答问题	根据实际情况提问	10分	酌情扣分	
6	安全文明	无安全隐患,无不文明操作	10分	未达标扣1~10分	
7	结束	工量具清洗、归位	5分	漏一项扣1~3分,未做扣5分	
		工作场地清洁	5分	不彻底扣1~3分,未做扣5分	
		总分	100分		

注:发生重大安全事故得零分!

学习任务七 汽油机燃油供给系统构造与拆装

任务要求

完成本学习任务后,你应该能:

1. 叙述汽油机燃油供给系统的组成、作用和控制思路;

2. 识别汽油机燃油供给系统的主要零件,并叙述其主要作用;

3. 规范地进行汽油机燃油供给系统的拆装。

建议学时:12 学时

任务描述

一辆 2008 款丰田卡罗拉 1.6GL 型手动挡轿车,搭载直列四缸电控发动机,使用过程中怠速不稳,急加速困难并伴有剧烈抖动,匀速运行不畅。经过维修人员对节气门体和空气滤清器清洁后,故障仍然存在。故判断为燃油供给系统存在异常情况,需对燃油供给系统进行拆装检修。

一、理论知识准备

(一)汽油机燃油供给系统的作用

汽油机燃料供给系的任务是根据发动机各种工况的不同要求,提供一定数量和浓度的可燃混合气并将其供入汽缸燃烧,最后将燃烧后的废气排入大气。

(二)汽油喷射系统类型

汽油喷射系统类型较多,大致可以按以下几种类型分类。

1. 按喷射控制方式分类

同时喷射是指将各汽缸的喷油器并联,所有喷油器由电脑的同一个指令控制,同时喷油,同时断油。

分组喷射是指将各汽缸的喷油器分成几组,同一组喷油器同时喷油或断油。

顺序喷射是指各喷油器由电脑分别控制,按发动机各汽缸的工作顺序喷油,如图7-1所示。

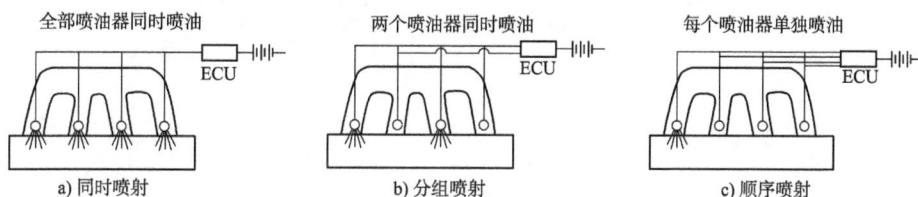

图 7-1　喷射控制方式

2. 按空气量的计量方式分类

直接计量方式是用空气流量计检测进气歧管的空气流量,并将空气流量转换成电信号,输送给电控单元,电控单元根据空气量计算出每一循环的汽油喷射量。

间接计量方式是将进气歧管绝对压力、进气歧管空气温度和发动机转速经传感器输出给电控单元,由电控单元根据信号计算出进气量。再产生与之相应的喷油脉冲,控制喷油器喷射适量的汽油。

3. 按喷射安装位置分类

多点喷射系统是指每缸进气门处装有一个由 ECU 控制的喷油器。

单点喷射系统是指在进气道节气门前方装有一个中央喷射装置,由 1~2 个喷油器集中喷油。

(三)电子控制汽油喷射系统的组成

电子控制汽油喷射系统主要由空气供给系统、燃油供给系统和电子控制系统等组成,如图7-2所示。电子控制汽油喷射系统的控制原则是以电子控制单元(ECU)为控制核心,以空气流量和发动机转速为控制基础,将喷油器作为控制对象,保证发动机在各种工况下获得最佳的混合气浓度,以满足发动机动力性、经济性和排放要求。

(四)燃油供给系统及主要零部件

燃油供给系统的功用是向汽缸内供给一定量的燃油,主要由燃油箱、燃油泵、燃油滤清器、燃油分配管等组成(图7-3)。

燃油泵将燃油从燃油箱吸出后经过燃油滤清器,滤去杂质和水分后,由燃油压力调节器控制其压力,最后将燃油送至各缸喷油器喷入进气道或燃烧室。在进气时,燃油与空气形成的可燃混合气被吸入汽缸。

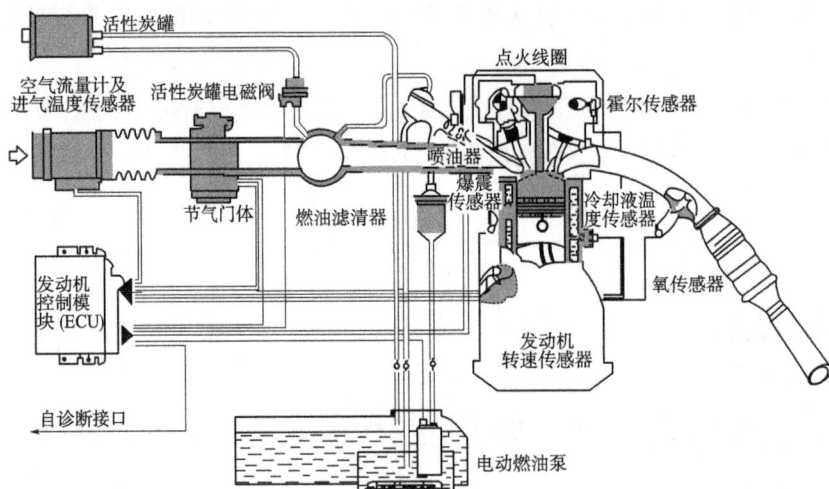

图7-2 电子控制汽油喷射系统组成

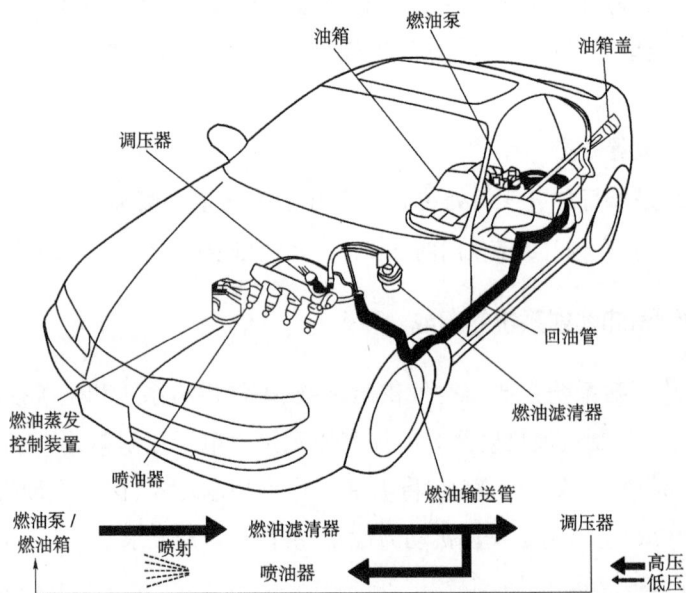

图7-3 燃油供给系统

1. 电动燃油泵

电动燃油泵(图7-4)的直流电动机通电后带动泵体旋转,将燃油从进油口吸入,流经电动燃油泵内部,再从出油口压出,给燃油系统供油。燃油进入燃油泵前要先经过燃油滤网,以过滤燃油中的杂质。安全阀可以避免燃油管路出现阻塞时因压力过高而造成油管破裂或燃油泵损坏;止回阀的设置是为了防止发动机熄火后密封油路,使燃油管路中保持一定的压力,以便发动机下次起动(特别是热起动)更加容易。

> **小提示**
>
> 在泵油过程中,燃油不断穿过油泵和电动机,油泵本身及电动机中的线圈、炭刷、轴承等部位都靠燃油来润滑和冷却。绝对禁止在无油的情况下运转电动汽油泵,以免烧坏电动燃汽油泵。
>
> 滤网最好定期清洗,若滤网太脏,会使燃油系统压力降低,喷油器喷油量不足,导致汽车高速行驶或急加速时动力不足、加速困难。如果燃油在滤网处堵塞,说明油箱中的沉积物或水分过多,最好拆下整个油箱进行彻底的清洗。

电动燃油泵按安装位置可分为 2 种:油箱外置型和油箱内置型。

2. 燃油箱

燃油箱用来储备汽车运行所需的燃油。油箱通常位于汽车后部,如图 7-5 所示。燃油箱由薄钢板或塑料制成。油箱上的加油盖可以防止燃油从油箱中溅出,它可以释放燃油被发动机吸走时所产生的真空。它还可以防止汽油蒸气直接进入大气,汽油蒸气通过管道进入活性炭罐,然后储存在罐中。

图7-4　电动燃油泵总成

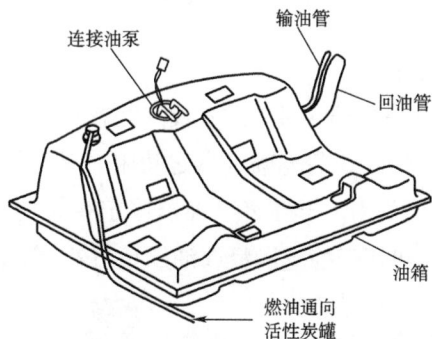

图7-5　燃油箱

3. 燃油滤清器

燃油滤清器串联在供油管路上。它的作用是在燃油进入燃油分配管之前把油中含有的水分和杂物除去,防止燃油系统堵塞(特别是喷油器处)。

> **小提示**
>
> 燃油滤清器为一次性使用零件,燃油滤清器阻塞会导致供油压力和供油不足,影响发动机的动力性。一般每行驶 3 万~4 万 km 或每两个二级维护作业周期应更换一次燃油滤清器。若使用的燃油含杂质较多时应缩短更换周期。

4. 燃油压力调节器

燃油压力调节器(图7-6)的主要功用是使系统油压(即供油总管内油压)与进气歧管内压力之差保持为恒定值,一般为250～300kPa,如图7-7所示。这样,从喷油器喷出的燃油量便唯一地取决于喷油器的开启时间。

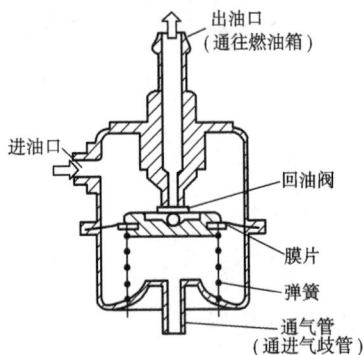

图7-6　燃油压力调节器

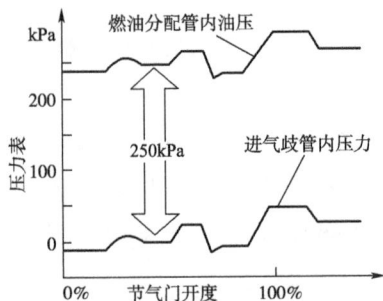

图7-7　燃油压力调节器工作原理

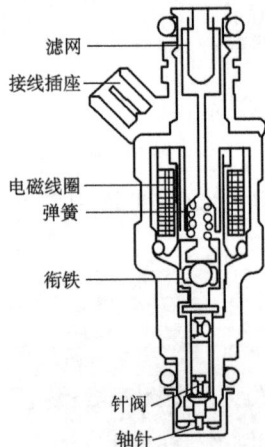

想一想

为什么要进行燃油压力控制?

5. 燃油分配管

燃油分配管安装在进气歧管或汽缸盖上,它的作用是安装喷油器并将高压燃油输送给各个喷油器。燃油分配管与喷油器之间用O形圈和卡环密封,O形圈可防止燃油渗漏,并具有隔热和隔振的作用。卡环将喷油器固定在燃油分配管上。大多数燃油分配管上都有燃油压力测试口,可用于检查和释放油压。另外,燃油压力调节器一般也安装在燃油分配管上。

图7-8　喷油器

6. 喷油器

喷油器是电控燃油喷射系统中一个重要的执行元件,在ECU的控制下,将汽油呈雾状喷入进气歧管内。

喷油器结构如图7-8所示。它的一端为进油口,与燃油分配管连接;另一端为喷油口,插入进气歧管中或燃烧室,两端分别用O形密封圈密封。

喷油器内部有一个电磁线圈,经线束与电脑连接。喷油器头部的针阀与衔铁连接为一体。当电磁线圈通电时,便产生吸力,将衔铁和针阀吸起,打开喷孔,燃油经针阀头部的轴针与喷孔之间的环形间隙高速喷出,并被粉碎成雾状。电磁线圈不通电时,磁力消失,弹簧将衔铁和针阀下压,关闭喷孔,停止喷油。电控单元利用电脉冲的宽度来控制喷油器每次打开喷油的时间,从而控制喷油量。一般喷油器每次打开喷油的时间为2~10ms,针阀升程0.5mm左右。喷油持续时间越长,喷油量就越大。

(五)空气供给系统及主要零部件

空气供给系统是向汽油机提供与发动机负荷相适应的、清洁的空气,同时对流入发动机汽缸的空气质量进行直接或间接计量,使空气在系统中与喷油器喷出的汽油形成可燃混合气。空气供给系统主要是由空气滤清器、进气总管和进气歧管,以及电子控制汽油喷射系统特有的空气计量装置、节气门体等组成,如图7-9所示。

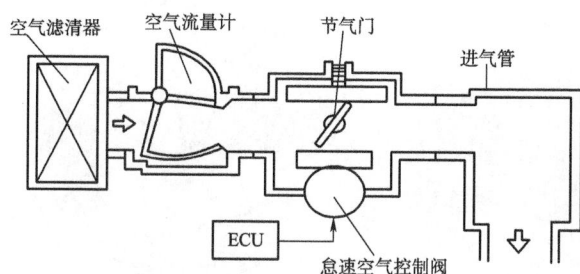

图7-9　空气供给系统

1.空气滤清器

空气滤清器用于滤除空气中的尘土和砂粒,以减少汽缸、活塞和活塞环的磨损,延长发动机的使用寿命。它一般都采用纸质滤芯,其结构与普通发动机上的空气滤清器相同,如图7-10所示。

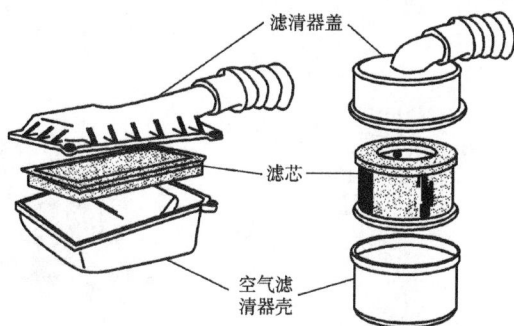

图7-10　空气滤清器

2.空气计量装置

空气计量装置的作用是对进入汽缸的空气流量进行直接或间接地计量,并把空气流量的信息输送到ECU,作为电子控制汽油喷射系统的主控信号。在电子控制汽油喷射系统中,用空气流量计或进气歧管绝对压力传感器两种方式测量进入汽缸的空气流量。

1)空气流量计

空气流量计有叶片式、卡门旋涡式、热线式和热膜式4种。

热线式空气流量计(图7-11)利用热线与空气之间的热传递现象进行空气质量流量测量的。其工作原理是将热线温度与吸入空气温度差保持在100℃,热线温度由混合集成电路控制。当空气质量流量增大时,由于空气带走的热量增多,为保持热线温度,混合集成电路使热线电阻通过的电流增大,反之,则减小。这样,使得通过热线电阻的电流是空气质量流量的单一函数,即热线电流随着空气质量流量的增大而增大,随空气质量流量减小而减小。

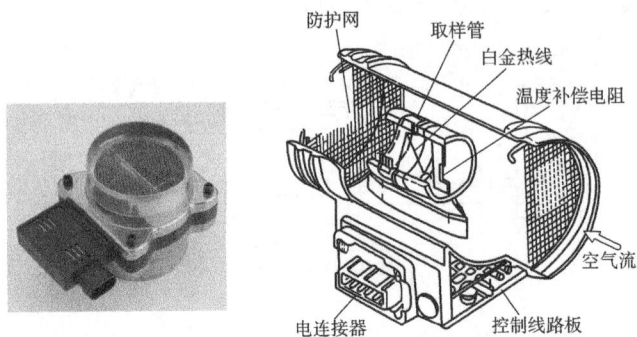

图7-11　热线式空气流量计

热膜式空气流量计(图7-12)的发热体是热膜,它是由发热金属铂固定在薄的树脂膜上构成的。这种结构可使发热体不直接承受空气流动所产生的作用力,增加了发热体的强度,提高了空气流量计的可靠性。热膜式空气流量计的工作原理与热线式空气流量计的工作原理基本相同。

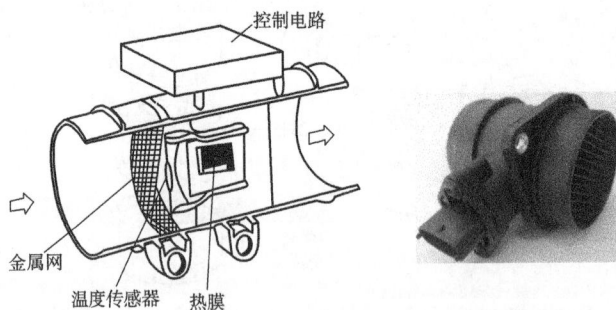

图7-12　热膜式空气流量计

当来自空气滤清器的空气通过叶片式空气流量计(图7-13),空气推力使测量板打开一个角度,进气量多时,空气推力大,测量板偏转的角度就大;反之,当进气量少时,空气推力小,测量板偏转的角度就小。当吸入空气推开测量板的力与弹簧变形后的回位力相平衡时,叶片停止转动。与测量板同轴转动的电位计检测出叶片转动的角度,将进气量转换成电压信号送给ECU。

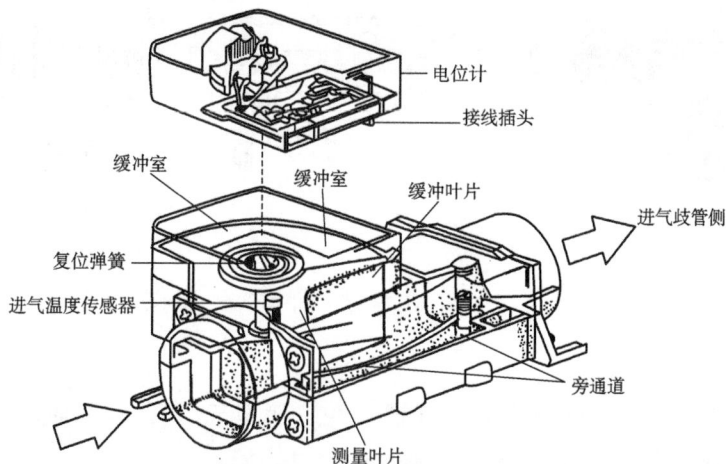

图 7-13　叶片式空气流量计

图 7-14 为卡门旋涡式空气流量计。其构成是,在气流通道中放一个锥状的涡流发生器,气体通过时,在锥体后产生许多卡门旋涡的涡流串,卡门旋涡的频率和空气流速之间存在一定的关系。通过监测旋涡频率计算空气流速,进而计算空气流量,按检测分为超声波检测和反光镜检测法。

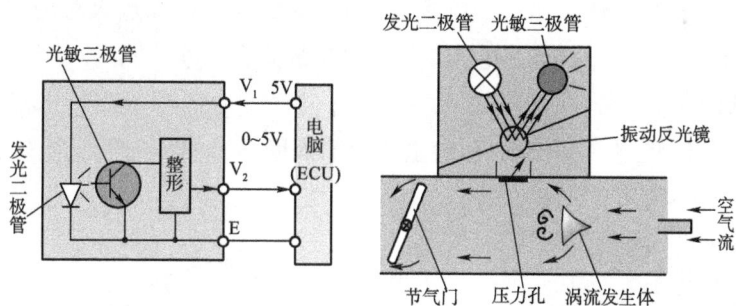

图 7-14　卡门旋涡式空气流量计工作原理

2）进气歧管压力传感器

进气歧管压力传感器是一种间接检测空气流量的传感器,如图 7-15 所示。进气歧管压力传感器种类很多,根据信号产生的原理,有半导体压敏电阻式、电容式、膜盒传动的可变电感式等。压力转换元件是利用半导体的压电效应制成的硅膜片,一侧是真空室,另一侧受进气压力的作用,因此,进气歧管内的压力越高,硅膜片的变形越大。薄膜的电阻值与压力成正比变化,导致输出电压发生变化,集成电路将这一电压放大处理,作为进气歧管压力信号送给 ECU。

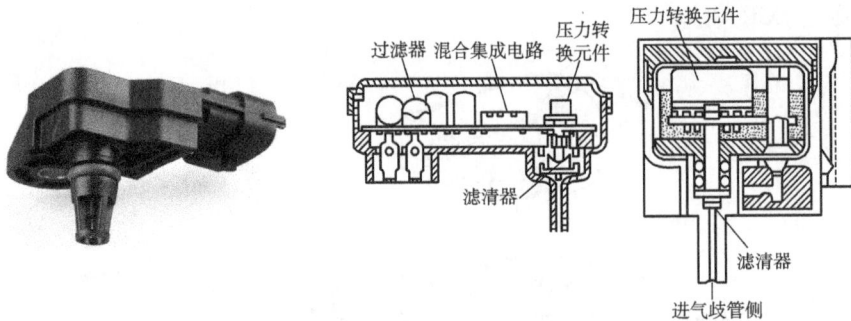

图 7-15　进气歧管压力传感器

3. 节气门体

节气门体位于空气流量计之后的进气管上,它包括节气门、怠速旁通空气道、怠速调整螺钉、怠速控制阀以及节气门位置传感器等,如图 7-16 所示。

(六)电子控制系统及主要零部件

电子控制系统主要由传感器(信号输入装置)、电控单元和执行器等组成。电子控制系统将发动机的运行工况(如进气量、节气门位置、曲轴位置及转速、冷却液温度、进气温度、排气成分等)和车辆运行状况(如车速等)信息,通过传感器转换成为相应的电信号并输送给电控单元,电控单元对这些电信号进行分析、判断、比较、计算等实时处理后,得出最佳控制方案并向各有关执行元件发出控制指令,控制最佳的空燃比和点火时刻,使得发动机在各种工况下都处于最佳工作状态。电控单元还具有故障自诊断功能。

1. 电控单元

电控单元(ECU)是整个系统的核心,主要由输入回路、A/D 转换器、微机和输出回路 4 部分组成,如图 7-17 所示。

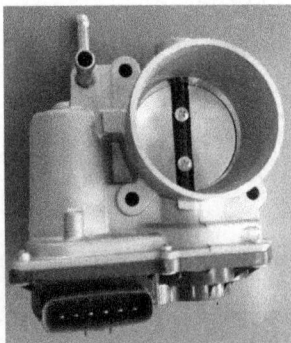

图 7-16　节气门体

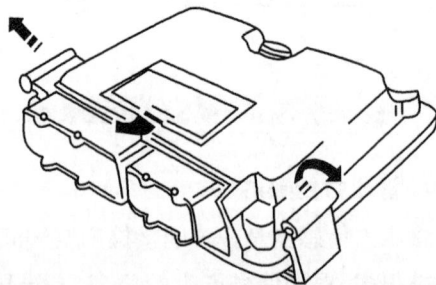

图 7-17　电控单元

2. 传感器

1）节气门位置传感器（TPS）

节气门由驾驶员通过加速踏板操纵，通过改变发动机的进气量来控制发动机的运转，不同的节气门开度标志着发动机不同的运转工况。电控发动机在节气门上装有节气门位置传感器，它可以把节气门开度转换成电压信号并输送给 ECU，作为判定发动机运转工况的依据。节气门位置传感器安装在节气门轴的一端，常见有开关式（图 7-18）、滑动电阻式、综合式等几种结构形式。

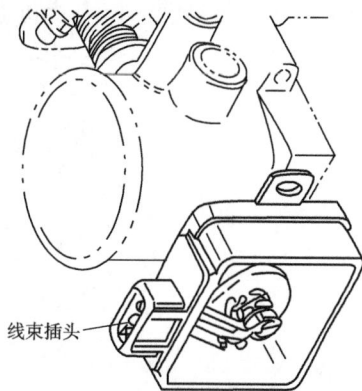

2）冷却液温度传感器

冷却液温度传感器安装在发动机缸体或缸盖的水套上，与冷却液接触，用来检测发动机的冷却液温度。冷却液温度传感器的内部是一个半导体热敏电阻，它具有负温度系数，冷却液温度越低，电阻越大；反之，冷却液温度越高，电阻越小，如图 7-19 所示。

线束插头

图 7-18　开关式节气门位置传感器

3）进气温度传感器

进气温度传感器（图 7-20）通常安装在空气滤清器之后的进气管上或空气流量计上，进气温度传感器内部也是一个具有负温度系数的热敏电阻。

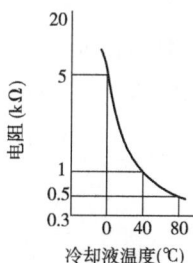

图 7-19　冷却液温度传感器

图 7-20　进气温度传感器

4）曲轴位置及发动机转速传感器

曲轴位置传感器是发动机电子控制系统中最主要的传感器之一，它提供点火时刻（点火提前角）和确认曲轴位置的信号，用于检测活塞上止点、曲轴转角及发动机转速。曲轴位置传感器可分为磁脉冲式、光电式和霍尔式 3 大类。它通常安装在曲轴前端、凸轮轴前端、飞轮上或分电器内。

磁脉冲式曲轴位置及发动机转速传感器。丰田公司 TCCS 系统将磁脉冲式曲轴位置传感器安装在分电器内，如图 7-21 所示。该传感器分为上、下两部分，上部分产生 G 信号，下部分产生 Ne 信号，都是利用带有轮齿的转子旋转时，使信号发生器感应线圈内的磁通变化，从而在感应线圈里产生交变的感应电动势，再将它放大后，送入 ECU。Ne 信号是检测曲轴转角及发动机转速的信号，G 信号用于判别汽缸及检测活塞上止点位置。

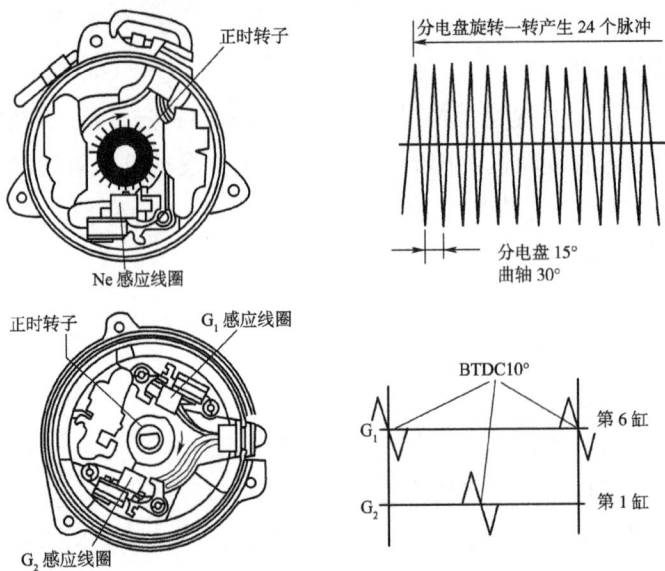

正时转子
Ne 感应线圈

分电盘旋转一转产生 24 个脉冲

分电盘 15°
曲轴 30°

正时转子
G₁ 感应线圈
G₂ 感应线圈

BTDC10°
第 6 缸
第 1 缸

图 7-21　磁脉冲式曲轴位置传感器

光电式曲轴位置传感器,如图 7-22 所示。日产公司光电式曲轴位置传感器设置在分电器内,它由信号发生器与带缝隙和光孔的信号盘组成,信号发生器固定在分电器壳体上,主要由 2 只发光二极管、2 只光敏二极管和电子电路组成。当信号盘随发动机曲轴运转时,因信号盘上有光孔,产生透光和遮光的交替变化,当发光二极管的光束照射到光敏二极管上时,光敏二极管感光而导通;当发光二极管的光束被遮挡时,光敏二极管截止。信号发生器输出的脉冲电压信号送至电子电路放大整形后,向电控单元输送曲轴转角信号。

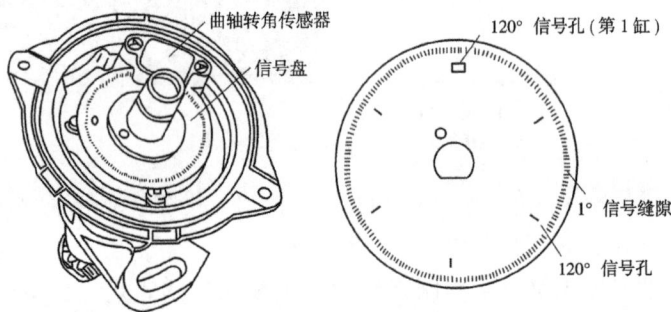

曲轴转角传感器
信号盘
120° 信号孔(第 1 缸)
1° 信号缝隙
120° 信号孔

图 7-22　光电式曲轴位置传感器

霍尔式曲轴位置传感器(图 7-23)是利用霍尔效应的原理,产生与曲轴转角相对应的电压脉冲信号的传感器。它是利用触发叶片或轮齿改变通过霍尔元件的磁场强度,从而使霍尔元件产生脉冲的霍尔电压信号,经放大整形后成为曲轴位置传感器的输出信号。

5)氧传感器

氧传感器安装在排气管上,如图 7-24 所示。其作用是检测燃烧后废气中氧分子的浓度,并转换为电信号输送给发动机电脑 ECU。ECU 根据氧传感器的信号反馈修正喷油量,使混合气的空燃比维持在理论空燃比附近。

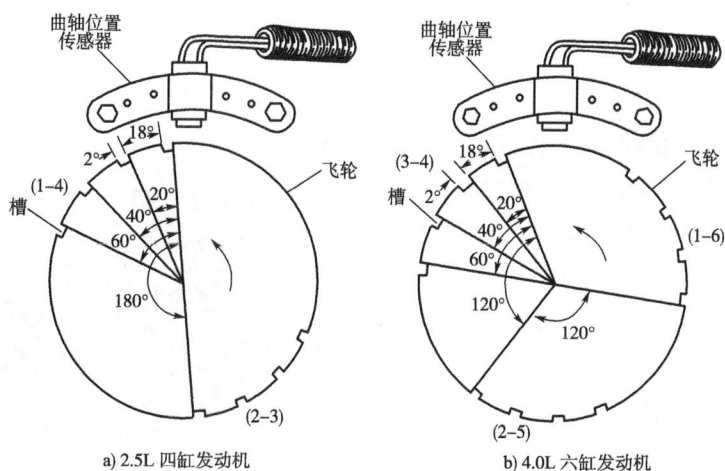

a) 2.5L 四缸发动机　　　b) 4.0L 六缸发动机

图 7-23　霍尔式曲轴位置传感器

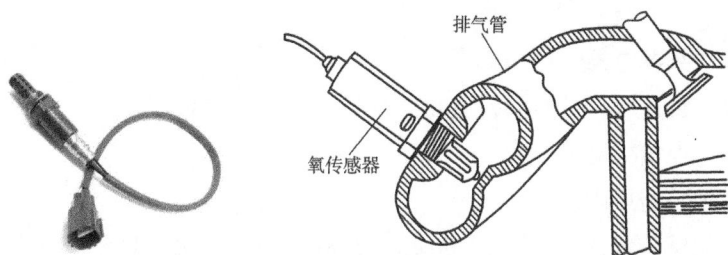

图 7-24　氧传感器

3. 执行器

执行器是受 ECU 控制,具体执行某项控制功能的装置。常见的执行器有电磁式喷油器、点火控制器、怠速控制阀、进气控制阀、EGR 阀等。

二、实 践 操 作

1. 实践准备

(1)工具准备:工具车、工具箱、清洁工具等。

(2)材料准备:与该车型相符的汽油、密封件、工作页工单、维修手册等。

(3)及时清理发动机周围的污物。

2. 注意事项

(1)防止零件被损伤,如不当的敲击和放置等。

(2)注意每个零件的安装位置和摆放顺序。

(3)拆卸下来的零件要合理地进行摆放与清洁。

(4)合理规范地使用工具,注意拆装的安全。

3.作业准备

(1)汽车进入工位前,将工位清理干净,准备好相关的器材。

(2)将汽车停放在举升机中央位置。

(3)拉紧驻车制动器操纵杆,并将变速杆置于空挡位置。

(4)套上转向盘护套、变速杆手柄套和座位套、铺设脚垫。

(5)在车内拉动发动机舱盖手柄,在车外打开并支撑发动机舱盖(图7-25)。

(6)粘贴翼子板磁力护裙。

图7-25 支撑发动机舱盖

4.拆装操作步骤

1)拆装

(1)拔下燃油泵继电器。

(2)起动发动机,维持怠速运转,直至发动机熄火,关闭点火开关。

(3)拆下蓄电池负极电缆。

(4)拆下曲轴箱通风阀。

(5)先压下闭锁装置,拉出节气门位置传感器的连接器,拉出怠速空气控制装置的连接器,拔下曲轴箱通风管,拔下节气门体上的进水管、出水管,如图7-26所示。

(6)拆卸节气门体固定螺栓或螺母,如图7-27所示。

图7-26 拆卸节气门体上的连接件

图7-27 拆卸节气门体

(7)取下节气门体(图7-28)。

(8)取下节气门体密封圈。

(9)断开氧传感器的连接器(图7-29)。

(10)用专用工具拆下氧传感器。

(11)拆下燃油压力调节器上的真空软管。

(12)使用专用工具拆下输油管,如图7-30所示。

图 7-28　节气门体

图 7-29　断开氧传感器的连接器

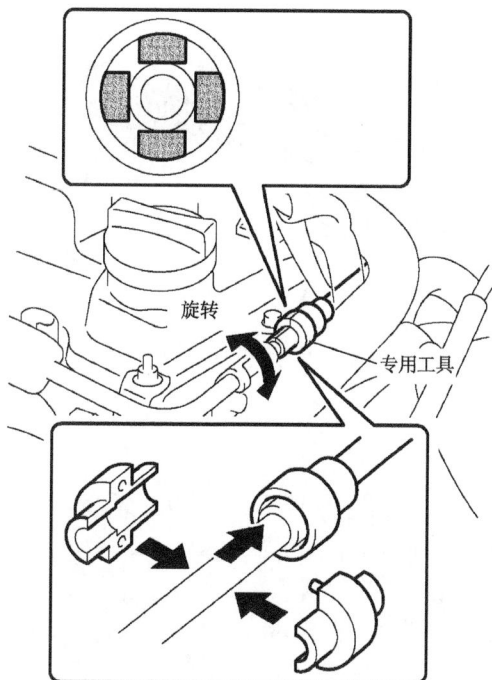

旋转

专用工具

图 7-30　拆下输油管

（13）拆下燃油压力调节器上的回油管。

（14）压住连接器闭锁，拉出喷油器连接器，如图 7-31 所示。

（15）卸下燃油分配管固定螺栓，将燃油分配管和喷油器一起拆下（图 7-32）。

图 7-31　拉出喷油器连接器

图 7-32　拆下燃油分配管

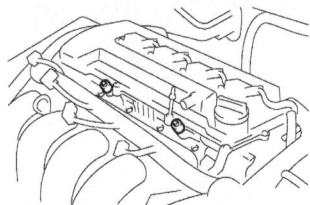

图 7-33　取下隔离垫

（16）取下 2 个隔离垫，如图 7-33 所示。

（17）将 4 个喷油器从燃油分配管上拔出（图 7-34）。

2）安装

（1）在新的 O 形圈涂上一薄层汽油，然后安装到喷油器上，如图 7-35 所示。

（2）在燃油分配管口涂上一薄层汽油，将喷油器插入燃油分配管,如图7-36所示。左右旋转喷油器将其装入燃油分配管,如图7-37所示。

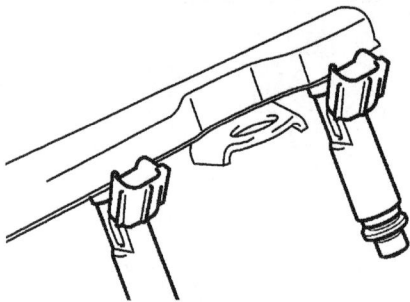

图7-34 拔出喷油器

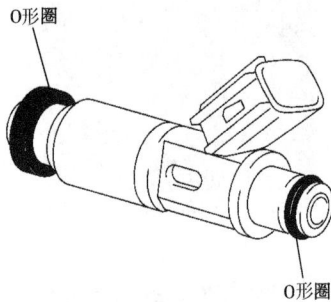

图7-35 安装O形圈

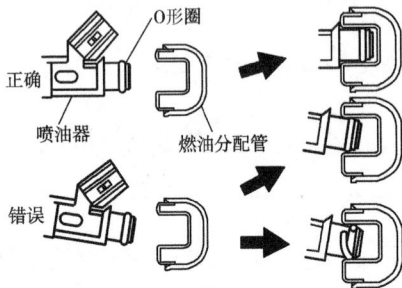

图7-36 插入喷油器

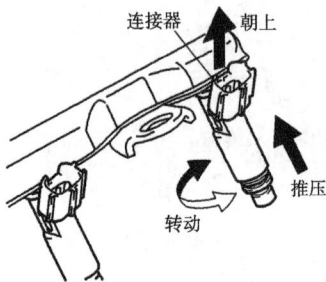

图7-37 装入喷油器

小提示

　　喷油器上的O形圈不可重复使用,拆卸后应换新件。拆下喷油器后,用干净的布盖住进气歧管内的喷油器孔,防止灰尘和其他微粒进入进气歧管内;从燃油分配管上拆下的喷油器后,要盖住燃油分配管的所有开口,防止灰尘进入燃油分配管。

　　当喷油器安装到燃油分配管后,用手转动喷油器,若喷油器转动不平滑,说明O形圈已损坏。

　　(3)安装隔离器,按规定力矩用螺栓将燃油分配管和喷油器固定在进气歧管上。

　　(4)连接喷油器连接器,先将回油管连接到燃油压力调节器上,再连接输油管。

　　(5)将真空软管连接到燃油压力调节器上。

　　(6)安装氧传感器,连接氧传感器的连接器。

　　(7)安装节气门位置传感器O形密封圈。

(8)安装节气门体总成(图7-38)。

图7-38 安装节气门体总成

(9)连接节气门位置传感器连接器、怠速空气控制装置连接器;连接节气门体上曲轴箱通风管。

(10)安装气门室盖;安装曲轴箱通风管。

(11)插入燃油泵继电器,连接蓄电池负极电缆。

(12)拆下翼子板磁力护裙,关闭发动机舱盖。

(13)清理器材,清洁地面卫生。

三、学习拓展

可燃混合气是指空气与燃料的混合物,其成分对发动机的动力性、经济性有很大影响。可燃混合气成分通常有以下表示方法:

实际吸入发动机中的空气质量与燃料质量的比值称为空燃比,用 A/F 表示。理论上,1kg 汽油完全燃烧需 14.7kg 空气。故对汽油机而言,将空燃比为 14.7 的可燃混合气,称为理论混合气。若空燃比小于 14.7 则说明汽油有余,称为浓混合气;若空燃比大于 14.7,则说明空气有余,称为稀混合气。

过量空气系数是理论上燃烧 1kg 燃料实际供给的空气质量与理论上完全燃烧 1kg 燃料时所需要的空气质量之比,用 α 表示。由此可知,$\alpha = 1$ 的可燃混合气称为标准混合气;$\alpha < 1$ 的可燃混合气称为浓混合气;$\alpha > 1$ 的可燃混合气称为稀混合气。

四、评价与反馈

1. 自我评价与反馈

(1)你能否主动完成工作现场的清洁和整理工作?(   )

　　A. 主动完成　　　　　B. 被动完成　　　　　C. 未完成

(2)完成本学习任务后,你对维修手册等资料的使用是否快速和规范?（　　）

　　A.快速规范　　　　　B.规范但不熟练　　　　C.不会使用

(3)你能否正确规范地完成燃油供给系统的拆装?（　　）

　　A.独立完成　　　　　B.小组合作完成　　　　C.在老师的指导下完成

(4)你能否正确指认各传感器在发动机上的位置?（　　）

　　A.全部能指认　　　　B.部分能指认　　　　　C.不能指认

(5)你在燃油供给系统的拆装过程中遇到的困难是什么? 你是怎样解决的?

_____

_____

_____

　　　　　　　　签名:_____　　_____年_____月_____日

2.小组评价与反馈

(1)是否完成本学习任务的学习目标?（　　）

　　A.完成且效果好

　　B.完成但效果不好

　　C.未完成

(2)是否积极学习,不懂的是否积极向别人请教,是否积极帮助他人学习?（　　）

　　A.积极学习　　　　　　　　　　B.积极请教

　　C.积极帮助他人　　　　　　　　D.三者都不积极

(3)零件、工具与油污有没有落地,有无保持作业现场的整洁?（　　）

　　A.无掉地且场地整洁　　　　　　B.有零件、工具掉地

　　C.有油污掉地　　　　　　　　　D.未保持作业现场的清洁

(4)实施过程中是否注意维修质量和有责任心?（　　）

　　A.注意质量,有责任心　　　　　B.不注意质量,有责任心

　　C.注意质量,无责任心　　　　　D.全无

(5)在操作过程中是否注意消除安全隐患,在有安全隐患时是否提示其他同学?（　　）

　　A.注意,提示　　　　　　　　　B.不注意,未提示

　　　　　　参与评价的同学签名:_____　　_____年_____月_____日

3.教师评价及答复

_____

_____

　　　　　　　　教师签名:_____　　_____年_____月_____日

五、技能考核标准

序号	项目	操作内容	规定分	评分标准	得分
1	准备	清点工量具,整理工位	5分	酌情扣分	
2	拆卸	拆卸节气门体	5分	操作不当扣1～5分	
		拆卸氧传感器	5分	操作不当扣1～5分	
		拆卸燃油分配管	5分	操作不当扣1～5分	
		拆卸喷油器	5分	操作不当扣1～5分	
3	安装	更换喷油器密封圈	5分	操作不当扣1～5分	
		安装喷油器	10分	操作不当扣1～10分	
		安装燃油分配管	5分	操作不当扣1～5分	
		安装氧传感器	10分	操作不当扣1～10分	
		安装节气门体	10分	操作不当扣1～10分	
4	完成时限	30min	5分	超时,扣1分/min; 超时5min以上扣5分	
5	回答问题	根据实际情况提问	10分	酌情扣分	
6	安全文明	无安全隐患,无不文明操作	10分	未达标扣1～10分	
7	结束	工量具清洗、归位	5分	漏一项扣1～3分,未做扣5分	
		工作场地清洁	5分	不彻底扣1～3分,未做扣5分	
总分			100分		

注:发生重大安全事故得零分!

学习任务八 柴油机燃油供给系统构造与拆装

任务要求

完成本学习任务后,你应该能:

1. 叙述柴油机燃油供给系统的组成、作用;
2. 识别柴油机燃油供给系统的主要零件,并叙述其主要作用;
3. 规范地进行柴油机燃油供给系统的拆装。

建议学时:16 学时

任务描述

一辆 2005 款福田欧曼手动挡商用车,搭载直列式六缸柴油发动机,使用过程中加速不良,仔细听喷油泵内有"刷、刷"的声音。经维修人员检查,确定喷油泵、燃油滤清器和喷油器有故障,需要对柴油机燃油供给系统进行拆装检修。

一、理论知识准备

(一)柴油机燃油供给系统的作用

柴油机燃料供给系统的作用是根据柴油机不同工况的要求,定时、定压、定量地把柴油按一定规律喷入汽缸,与吸入汽缸内的清洁空气迅速混合和燃烧,并将燃烧后生成的废气排出。

(二)柴油机燃油供给系统的组成

(1)燃油供给装置由柴油箱、柴油细滤器、输油泵、喷油泵和喷油器等组成。
(2)空气供给装置由空气滤清器、进气管和进气道组成。

（3）可燃混合气形成装置，即燃烧室。

（4）废气排出装置由排气管、排气道和排气消音器等组成。

如图 8-1 所示，柴油机工作时，低压燃油泵将柴油从柴油箱吸出，并将柴油压力提高到 0.15 ~ 0.30MPa，再经过柴油滤清器滤去杂质后，最后送至高压燃油泵；高压燃油泵将柴油压力进一步提高至 10MPa 以上，通过高压油轨至喷油器，喷油器再将柴油以雾状喷入燃烧室并与空气混合后自行燃烧。

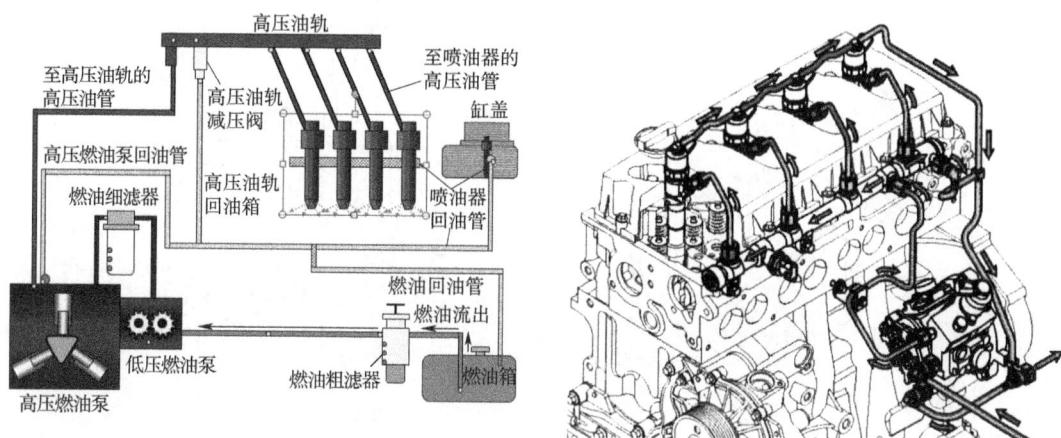

图 8-1　柴油机燃料供给系统的组成

（三）燃烧室

柴油机可燃混合气的形成和燃烧都是直接在燃烧室内进行的。柴油机燃烧室的形状对可燃混合气的形成和燃烧有直接的影响。按结构形式不同，柴油机燃烧室可以分为两大类：统一式燃烧室和分隔式燃烧室。

1. 统一式燃烧室

统一式燃烧室由汽缸盖的平面、活塞顶内的凹坑及汽缸壁组成。燃油自喷油器直接喷射到燃烧室中，通过喷出油注的形状和燃烧室形状的匹配以及燃烧室内空气涡流运动，迅速形成混合气，所以称为直接喷射式燃烧室。凹坑的形状多采用 ω 形和球形，如图 8-2 所示。

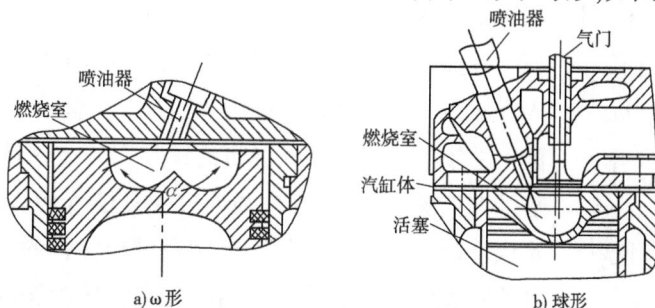

a) ω 形　　　　b) 球形

图 8-2　统一式燃烧室

2. 分隔式燃烧室

分隔式燃烧室是把燃烧室分成两部分,即主燃烧室和副燃烧室。主燃烧室位于活塞顶与汽缸盖底面之间;副燃烧室位于汽缸盖内,主、副燃烧室之间用一个或几个直径较小的通道相连。分隔式燃烧室又分为涡流室式燃烧室和预燃室式燃烧室两种,如图8-3所示。

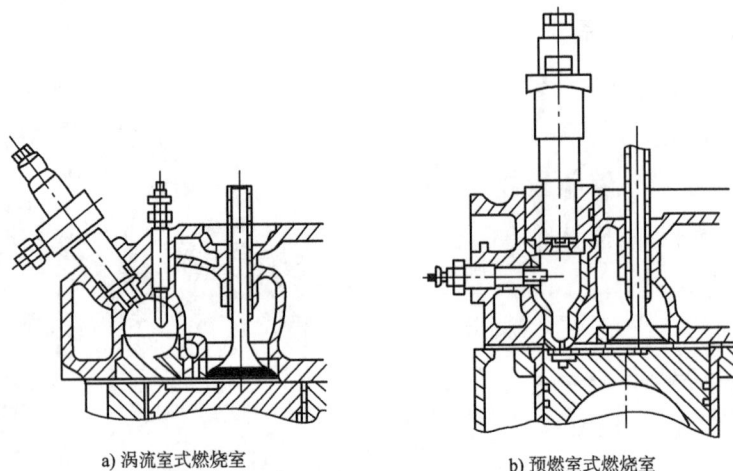

a) 涡流室式燃烧室   b) 预燃室式燃烧室

图8-3 分隔式燃烧室

(四)柴油机燃油供给系统的主要零部件

1. 喷油器

喷油器的功用是根据柴油机可燃混合气的形成特点,使一定量的燃油得到良好的雾化,促进燃油着火和燃烧;按燃烧室形状,使燃油与空气迅速而完善地混合,形成均匀的可燃混合气。

1)孔式喷油器

孔式喷油器用于统一式燃烧室中,如图8-4所示,其特点是喷孔越多,孔径越小,雾化就越好,分布也就越均匀,但使用中易积炭堵塞,需要较高的喷油压力。

柴油机工作时,喷油泵供给的柴油经进油管接头从油道进入针阀体下部的环形油腔内。当油压升高到作用在针阀承压锥面上的轴向力大于调压弹簧的预紧力时,针阀开始向上移动,使喷油器喷孔打开,高压柴油通过喷孔喷入燃烧室。当喷油泵停止供油时,油压突然下降,针阀在调压弹簧的作用下及时复位,将喷孔关闭。喷油器的喷油压力与调压弹簧的预紧力有关,预紧力越大,喷油压力就越高。调压弹簧的预紧力可以通过调压

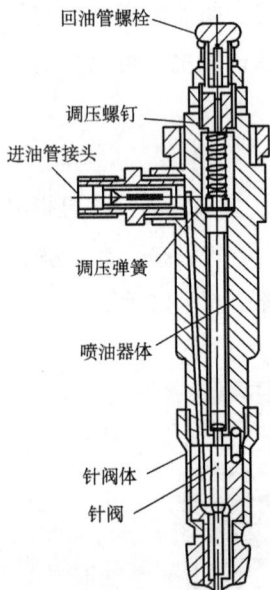

回油管螺栓

调压螺钉

进油管接头

调压弹簧

喷油器体

针阀体

针阀

图8-4 孔式喷油器

螺钉来调整。

喷油器工作时,会有少量柴油从针阀和针阀体配合表面之间的间隙漏出,这部分柴油对针阀起密封作用,并沿顶杆周围的空隙上升,最后通过回油管,流回柴油箱。

2)轴针式喷油器

轴针式喷油器的构造和工作原理与孔式喷油器相似,如图8-5所示,只是喷油器头部结构不同,针阀下端的密封锥面以下还延伸出一个倒锥形或圆柱形的轴针,轴针伸出喷孔外,使喷孔成为圆环状的狭缝。轴针式喷油器一般只有一个喷孔,它适用于对喷雾质量要求不高的涡流室式燃烧室和预燃室式燃烧室。轴针式喷油器由于喷孔直径较大,孔内又有轴针上下移动,故喷孔不易积炭,且可以自行清除积炭。

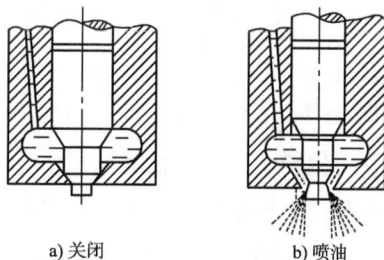

a)关闭　　　　b)喷油

图8-5　轴针式喷油器工作原理

2. 喷油泵

喷油泵是柴油机燃料供给系统中最重要的一个总成,它的功用是根据柴油机运行工况和汽缸工作顺序,定时、定压、定量地向喷油器输送高压柴油。喷油泵固定在柴油机机体一侧的支架上,由柴油机曲轴通过齿轮驱动,齿轮轴和喷油泵的凸轮轴用联轴器连接,调速器安装在喷油泵的后端。喷油泵的结构形式较多,车用柴油机的喷油泵按作用原理不同可以分为柱塞式喷油泵、泵—喷油器和转子分配式喷油泵。

1)柱塞式喷油泵

柱塞式喷油泵由分泵、油量调节机构、传动机构和泵体等组成。

柱塞式喷油泵的分泵的结构如图8-6所示。柱塞分泵分为吸油、压油和回油三个过程,当发动机工作时,喷油泵凸轮轴上的凸轮转过最高位置时,柱塞在柱塞弹簧的作用下向下移动,当柱塞上端面低于柱塞套上的油孔时,柴油经柱塞套上的油孔被吸入。随着喷油泵凸轮轴的继续转动,凸轮驱动柱塞上移,开始有部分柴油被从泵腔挤回低压油腔,直到柱塞上端的圆柱面将柱塞套上的两个油孔完全封闭为止,此后柱塞继续上移,泵腔内的柴油压力迅速升高,油压增高到一定值时,便克服出油阀弹簧的弹力,顶开出油阀,高压柴油经出油阀和高压油管输送给喷油器。柱塞继续上移,当柱塞上的斜槽与柱塞套上的回油孔接通时,泵腔内的高压

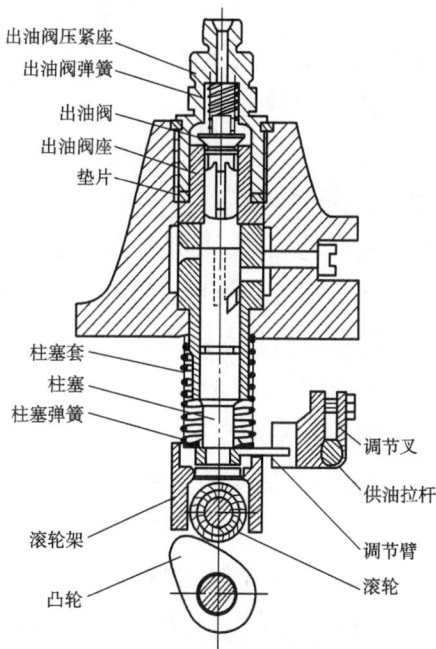

出油阀压紧座
出油阀弹簧
出油阀
出油阀座
垫片

柱塞套
柱塞
柱塞弹簧

调节叉
供油拉杆

滚轮架

调节臂
滚轮

凸轮

图8-6　柱塞式喷油泵的分泵

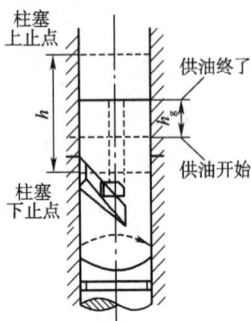

图8-7 柱塞式喷油分泵的工作原理

油经柱塞内的油孔、斜槽和柱塞套上的油孔流回低压油腔,泵腔内的油压迅速下降,出油阀在出油弹簧的作用下立即关闭,喷油泵停止供油,如图8-7所示。

油量调节机构的作用是根据柴油机负荷和转速的变化,相应地改变喷油泵的供油量,并保证各缸的供油量一致。喷油泵供油量的改变,可以通过转动柱塞以改变柱塞有效行程的办法来实现。转动柱塞的机构就是油量调节机构。

油量调节机构有拨叉式(图8-8)和齿杆式两种。

驱动机构由喷油泵凸轮轴和滚轮体(图8-9)组成。喷油泵凸轮轴的两端通过圆锥滚子轴承支撑在喷油泵壳体上,滚轮体还可以用来调整各分泵的供油提前角。

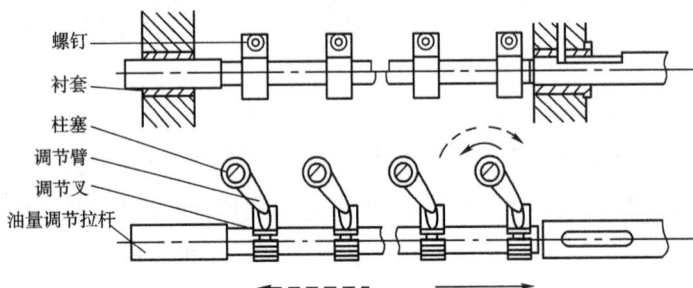

图8-8 拨叉式油量调节机构

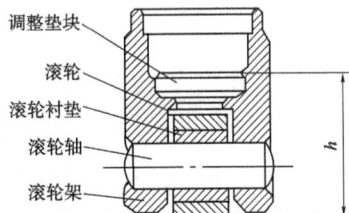

图8-9 调整垫块式滚轮体

泵体是喷油泵的基体,有分体式和整体式两种。分体式泵体分上、下两部分,用螺栓连接在一起,上体用来安装分泵,下体用来安装油量调节机构和驱动机构。

2)转子分配式喷油泵

转子分配式喷油泵简称为分配泵,有VE型(柱塞式)和转子式两大类。

VE型分配泵如图8-10所示,驱动轴由柴油机曲轴正时齿轮驱动。驱动轴带动输油泵不断将柴油从油箱吸出,加压使低压柴油进入油泵体腔,并通过调速器驱动齿轮带动调速器轴旋转,驱动轴的右端与平面凸轮盘连接,利用平面凸轮盘上的传动销带动分配柱塞运动。分配柱塞弹簧将分配柱塞紧压在平面凸轮盘上。滚轮轴嵌入静止不动的滚轮架上。当驱动轴旋转时,平面凸轮盘与分配柱塞同步旋转,同时在滚轮、平面凸轮和柱塞弹簧的共同作用下,平面凸轮盘还带动分配柱塞在柱塞套内作往复运动。往复运动使柴油增压,旋转运动进行柴油分配。

径向压缩式分配泵结构如图8-11所示。分配转子转动时,带动滚柱座、滚柱、柱塞绕其轴线转动,由于固定的内凸轮凸起的作用,使对置的柱塞被推向转子中心,容积的减小使柴油产生高压,此时分配孔恰好与分配套筒相应的出油孔对上,高压柴油被送往喷油器。当滚轮越过内凸轮的凸起后,在离心力的作用下,两柱塞被迅速甩向外端,使油腔容积增大形成真空,而分配转子上相应的进油孔与套筒上进油道对上时,柴油便进入柱塞间的空腔。在分配转子的一个断面上均匀分布有 4 个进油孔,只有当任一进油孔与分配套筒上的进油道对上时,柴油才流入转子的轴向油道。转子每转 1 周,进油 4 次。在转子的另一断面上有一分配孔,而分配套筒在该断面上均匀分布有 4 个出油孔,当分配孔与套筒上某一出油孔对上时,高压柴油才能流入喷油器。同样,转子每转 1 周,可出油 4 次。分配泵的进油与出油过程是交替进行的。

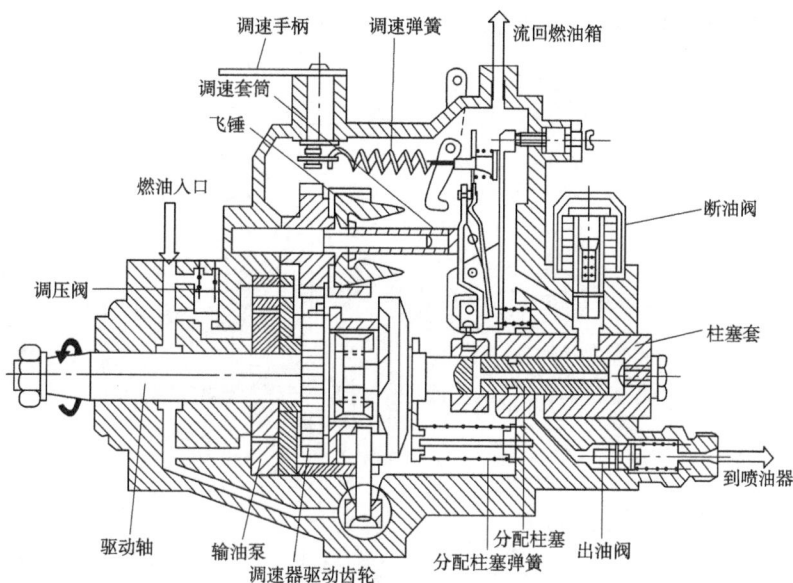

图 8-10　VE 型分配泵

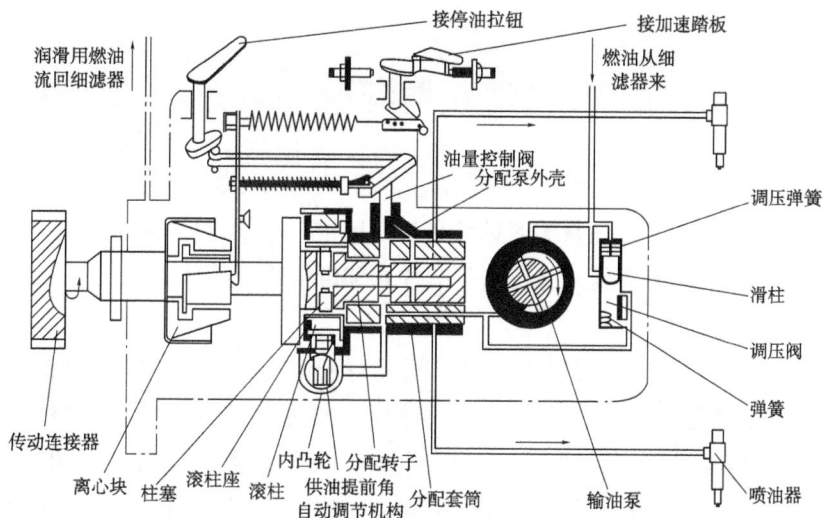

图 8-11　径向压缩式分配泵

四缸柴油机分配泵的进油、泵油与配油过程。当发动机缸数改变时,分配泵的进油孔数、出油孔数及内凸轮的凸起数也相应改变,但工作原理是相同的。

3)泵—喷油器

泵—喷油器是将喷油泵和喷油嘴合装在一起,成为一个单独的部件。省去高压油管,减小了燃料被压缩和燃油的波动现象以及高压油管的膨胀,从而喷射压力高,可准确控制喷油的开始与终了时刻,不产生滴油现象。在美国康明斯公司和日本小松制作所合作生产的 PT 型供油系统中采用了泵—喷油器,如图 8-12 所示。

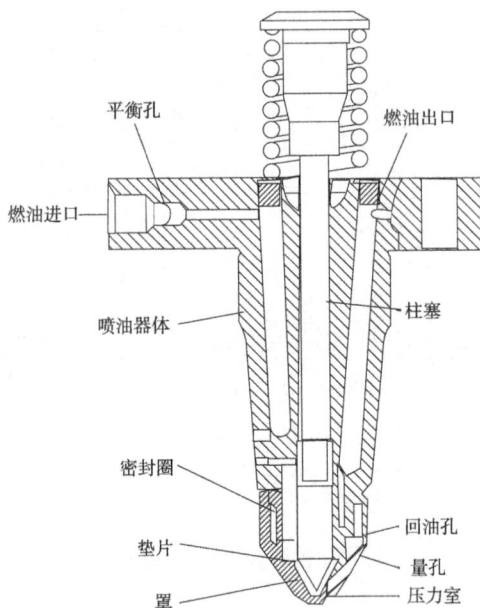

图 8-12　泵—喷油器

3. 输油泵

输油泵(图8-13)的功用是克服柴油滤清器和管路中的阻力,保证低压油路中柴油的正常流动,并以一定的压力向喷油泵输送足够数量的柴油。输油量应为柴油机全负荷最大喷油量的 3~4 倍。输油泵有活塞式、转子式、滑片式和齿轮式等几种。

4. 喷油提前调节装置

喷油提前角是指喷油器开始喷油至活塞压缩行程到达上止点之间的曲轴转角。它的大小对柴油机的工作过程有很大影响。若喷油提前角过大,则喷油时汽缸内空气温度较低,可燃混合气形成条件差、备燃期长,会导致发动机工作粗暴;若喷油提前角过小,大部分柴油是在上止点以后,活塞处于下行状态时燃烧的,会使最高工作压力降低,热效率也显著下降,从而导致发动机功率降低。因此为保证发动机具有良好的使用性能,必须选择最佳的喷油提前角。

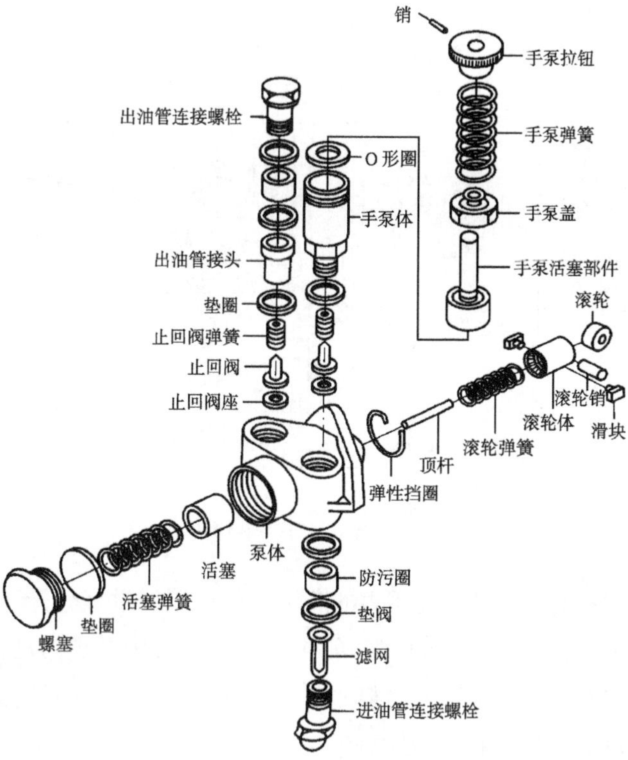

图 8-13　输油泵

　　喷油提前角实际上是由喷油泵的供油提前角(或泵油提前角)来保证的。而整个喷油泵的供油提前角可以通过改变发动机曲轴和喷油泵凸轮轴之间的相位角来调整。供油提前角自动调节器位于联轴器和喷油泵之间,能随发动机转速的变化自动改变供油提前角。国内外车用柴油机供油提前角自动调节装置是适应转速的变化而自动改变供油提前角的。对于柱塞泵一般采用单独的机械离心式供油提前角自动调节装置;对于 VE 泵则采用液压式供油提前角自动调节装置。改变整个喷油泵供油提前角的方法是通过改变曲轴与喷油泵凸轮轴的相对位置来实现的。

5.电控柴油喷射系统

　　电控柴油喷射系统与电控汽油喷射系统基本相同,也是由传感器、电控单元(ECU)和执行器组成的。传感器包括柴油机转速、加速踏板位置、齿条位置、喷油时刻、车速及进气压力、进气温度、燃油温度、冷却液温度等传感器,ECU 根据各种传感器实时检测到的柴油机运行参数,与 ECU 中预先已经存储的参数值或参数相比较,按其最佳值或计算后的目标值把指令输送到执行器,执行器根据 ECU 指令控制喷油量(齿条位置或电磁阀关闭持续时间)和喷油正时(正时控制阀开闭或电磁阀关闭始点)。

　　电控柴油喷射系统,根据其产生高压燃油的机构分为电控直列泵喷射系统、分配泵电控喷射系统(图 8-14)、泵—喷油器电控喷射系统、单缸泵电控喷射系统和共轨式电控喷射系统。

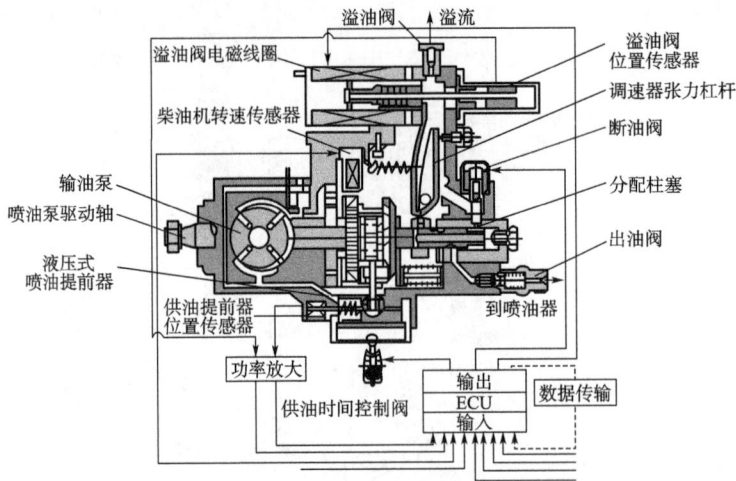

图 8-14　分配泵电控喷射系统

共轨式柴油喷射系统将柴油喷射压力的产生与柴油喷射过程分开,在该系统中有 1 条公共油管,用高压(或中压)输油泵向共轨(公共油道)泵油,用电磁阀进行压力调节并由压力传感器进行反馈控制。有一定压力的柴油经共轨分别输入各缸喷油器,喷油器的电磁阀控制喷油量和喷油正时,即输油泵供油与喷油器喷油不直接发生关系,若共轨提供的是中压柴油,喷油器喷出的高压柴油靠喷油器提升。

电控共轨式柴油喷射系统的结构如图 8-15 所示。柴油机工作时,输油泵不断将柴油从油箱中抽出供入喷油泵,喷油泵再将柴油泵入共轨管中。若共轨压力传感器检测到共轨管内柴油压力过低或过高时,电控单元发出指令,调节共轨管内的柴油量,使其压力保持恒定。当柴油机工作到某缸需要喷油时,电控单元发出指令,使三通阀左口关闭,右口与下口接通,该缸喷油器的电磁阀动作,使其喷油。

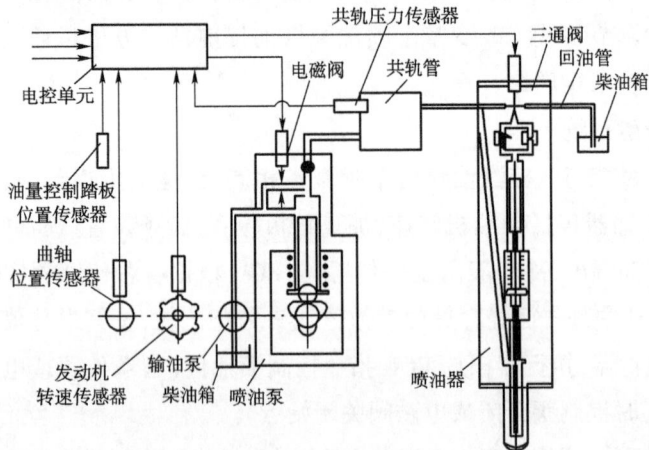

图 8-15　电控共轨式柴油喷射系统

小提示

共轨系统使发动机的供油量、供油时刻、供油压力等无限可调。

二、实 践 操 作

1.实践准备

(1)工具准备:工具车、工具箱、放油盘、专用拆装工具等。

(2)材料准备:与该车型相符的机油、密封件和维修手册等。

(3)及时清理发动机周围的污物。

2.注意事项

(1)防止零件被擦伤结合端面,如不当的敲击和放置等。

(2)注意每个零件的安装位置和摆放顺序。

(3)拆卸下来的零件要合理地进行摆放。

(4)合理规范地使用工具,注意拆装的安全。

3.作业准备

(1)汽车进入工位前,将工位清理干净,准备好相关的器材。

(2)将汽车停驻在修车地沟中央位置。

(3)拉紧驻车制动器操纵杆,并将变速杆置于空挡(N挡)位置。

(4)解除锁止、拆缸安全装置,翻转汽车驾驶室,并可靠地支撑。

4.拆装操作步骤

1)拆卸

(1)使用纸板或纸来进行高压油管泄漏的检测,如图8-16所示。先松开燃油泵到高压油轨的高压油轨侧端接头,以释放压力,如图8-17所示。在接头上有专门的卸油槽。

图8-16　检测高压油管泄漏

图8-17　释放燃油压力

注意:卸压时,双手应远离管路。高压燃油喷溅会造成严重的人身伤亡。

(2)拆卸燃油管路前,应用专业清洗剂仔细清洗管接头部位。

(3)拆下燃油油轨供油管,从燃油泵和燃油油轨上断开燃油油轨高压供油管接头,如图8-18所示。

(4)拆下燃油细滤器,使用专用工具拆下燃油滤清器。确保密封圈没有卡在滤清器座中,如图8-19所示。

图8-18 拆下高压供油管

图8-19 拆下燃油细滤清器

(5)拆卸输油泵与燃油细滤器间的低压油管,断开快接接头,如图8-20所示。

(6)从高压油轨端断开高压燃油管,立即盖住管路的接口,断开喷油器处的高压燃油管,立即盖住喷油器的接头,如图8-21所示。对所有喷油器重复以上步骤,拆下全部喷油器供油管。

图8-20 拆下低压油管

图8-21 喷油器供油管拆卸

(7)输油泵与高压燃油泵拆卸,拆下与燃油细滤器连接的低压油管A,拆下与高压油轨连接的高压油管B,拆下回油管C,拔下燃油泵连接器D,拆下燃油泵固定螺栓。取下燃油泵,如图8-22所示。

(8)拆卸两个燃油高压油轨固定螺栓。拆下燃油高压油轨。

(9)拆下喷油器贯穿式接头锁环,松开摇臂室盖螺钉,轻轻拆下摇臂室盖,图8-23所示。喷油器贯穿式接头将留在发动机上。

图 8-22　燃油泵拆卸

图 8-23　摇臂室盖拆卸

注意：向发动机左侧倾斜，使导线接头盒摇臂室盖分离，可顺利取下罩盖。

（10）从两个喷油器电磁阀上逐个断开执行器线束，断开发动机制动执行器线束，如图 8-24 所示，拆下执行器线束固定螺栓。

（11）从喷油器上拆下喷油器执行器导线螺母和导线，松开并拆下喷油器压紧螺钉，从喷油器上拆下喷油器压紧卡箍，图 8-25 所示。使用惯性锤，从缸盖上拆下喷油器。

图 8-24　内部执行器导线线束拆卸

图 8-25　喷油器拆卸

注意：立即将保护盖安装到喷油器喷嘴上，防止污染。在安装喷油器的孔内插入一个盲堵以防止灰尘或碎屑通过缸盖进入发动机。

小提示

喷油器清洗干净后应成对浸泡在清洁的柴油里。喷油器一旦发生故障无法修理，应进行更换。

2）安装

（1）安装高压油轨，用手拧紧。

（2）拆下用于防止灰尘或碎屑进入发动机的盲堵，确保喷油器孔是清洁的。确认喷油器上安装有 O 形圈和喷油器油封完好，使用清洁的机油润滑喷油器 O 形圈。将喷油器压紧卡箍安装到喷油器上，然后再将喷油器安装到孔内。

（3）在喷油器压紧卡箍仍松弛的情况下,从高压油轨和喷油器上拆下保护盖。将高压燃油管安装到相应位置并手动拧紧。这将使喷油器相对高压燃油管正确定位。拧紧卡箍螺钉,如图 8-26 所示。

（4）拆下高压燃油管,然后在高压油轨上重新安装保护盖。

（5）将喷油器执行器导线和螺母安装到喷油器上。拧紧导线螺母,如图 8-27 所示,对准喷油器导线,使其不会与彼此或摇臂发生干涉。重复该过程以便安装其他五个喷油器。

图 8-26　安装喷油器

图 8-27　安装内部执行器导线线束

（6）执行器线束固定安装并拧紧执行器线束固定螺栓,贯穿式接头定位后,接头平面应向上,如图 8-28 所示。

（7）将执行器线束式接头定位对准摇臂室上的孔。为了便于安装,将摇臂室盖朝发动机左侧倾斜。先将摇臂室盖的左侧降低到缸盖上,然后降低右侧。确保贯穿式接头已正确落座,按照图 8-29 所示顺序拧紧安装螺钉,安装喷油器贯穿式接头锁环。

图 8-28　固定执行器线束

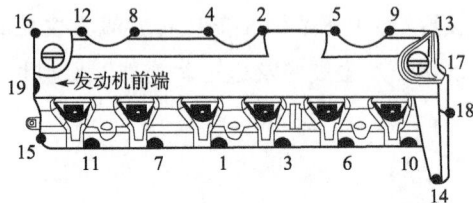

图 8-29　摇臂室盖拧紧顺序

小提示

1. 执行器贯穿接头和摇臂室盖上的孔同心,接触、密封良好;

2. 高压油管接头和喷油器接头定位准确、安装到位。

（8）安装高压燃油管与高压油轨接头，用手拧紧。安装喷油器与高压燃油管接头，并用手拧紧。按要求拧紧高压燃油管在喷油器端的螺母，然后再按要求拧紧高压燃油管在高压油轨端的螺母。按以下顺序拧紧喷油器供油管：1缸、6缸、2缸、3缸、4缸、5缸。

（9）安装从高压燃油泵至高压油轨的高压供油管接头，并用手拧紧，按要求拧紧高压燃油泵与高压油轨之间的高压供油管接头。

（10）在滤清器密封垫表面和中间密封上涂抹一薄层干净的机油，对于未配有输油泵的发动机，安装前，应先预加注压力侧和吸油侧燃油滤清器。

（11）将燃油滤清器安装到滤清器座上。转动滤清器，直到密封垫接触到滤清器座的表面。当密封垫接触滤清器座表面后，再将滤清器拧紧3/4圈。

注意：过度机械拧紧滤清器会使螺纹扭曲变形，或者损坏燃油滤清器密封件。

小提示

检查各密封垫圈是否破损、老化，拆卸后应进行更换，并注意安装位置正确，以防漏油。

（12）翻转汽车驾驶室，安装安全装置，并可靠锁止。

（13）清理器材，清洁地面卫生。

三、学习拓展

柴油和汽油一样都是石油制品。柴油分为轻柴油和重柴油，轻柴油用于高速柴油机，重柴油用于中、低速柴油机。汽车柴油机均为高速柴油机，所以使用轻柴油。

轻柴油的使用性能有发火性、蒸发性、低温流动性、黏度和凝点等。发火性指柴油的自燃能力，用十六烷值评定。柴油的十六烷值越高，发火性越好。蒸发性指柴油的汽化能力，用柴油馏出某一百分比的温度范围（即馏程）评定，温度越低，柴油的轻质馏分越多，蒸发性越好。柴油蒸发性的另一个评定指标是闪点。柴油的闪点指在一定的试验条件下，当柴油蒸气与周围空气形成的混合气接近火焰时，开始出现闪火的温度。闪点低，柴油蒸发性好。用柴油的凝点和冷滤点来评定低温流动性。凝点是指柴油失去流动性开始凝固时的温度。黏度与柴油的流动性有关，随温度而变化。当温度升高时，黏度减小，流动性增强，反之，流动性减弱。凝点指柴油冷却到液面不能移动的最高温度，柴油的凝点应比柴油机工作环境的最低温度低 3~5℃。否则，柴油的凝点过高会堵塞油路。

柴油的牌号数与柴油的凝点有关，《车用柴油》（GB 19147—2016）中，把轻柴油按照凝点分为 5 号、0 号、−10 号、−20 号、−35 号和−50 号共 6 种牌号。选择柴油时，应按照当地当月最低气温选用柴油牌号。

四、评价与反馈

1. 自我评价与反馈

(1) 你能否主动完成工作现场的清洁和整理工作？(   )

    A. 主动完成   B. 被动完成   C. 未完成

(2) 完成本学习任务后，你对维修手册等资料的使用是否快速和规范？(   )

    A. 快速规范   B. 规范但不熟练   C. 不会使用

(3) 你能否正确规范地完成柴油机燃油供给系统的拆装？(   )

    A. 独立完成   B. 小组合作完成   C. 在老师的指导下完成

(4) 你在柴油机燃油供给系统的拆装过程中遇到的困难是什么？你是怎样解决的？

_____

_____

签名：_____ _____年_____月_____日

2. 小组评价与反馈

(1) 是否完成本学习任务的学习目标？(   )

    A. 完成且效果好   B. 完成但效果不好   C. 未完成

(2) 是否积极学习，不懂的是否积极向别人请教，是否积极帮助他人学习？(   )

    A. 积极学习   B. 积极请教

    C. 积极帮助他人   D. 三者都不积极

(3) 零件、工具与油污有没有落地，有无保持作业现场的整洁？(   )

    A. 无掉地且场地整洁   B. 有零件、工具掉地

    C. 有油污掉地   D. 未保持作业现场的清洁

(4) 实施过程中是否注意维修质量和有责任心？(   )

    A. 注意质量，有责任心   B. 不注意质量，有责任心

    C. 注意质量，无责任心   D. 全无

(5) 在操作过程中是否注意消除安全隐患，在有安全隐患时是否提示其他同学？(   )

    A. 注意，提示   B. 不注意，未提示

参与评价的同学签名：_____ _____年_____月_____日

3. 教师评价及答复

_____

_____

_____

教师签名：_____ _____年_____月_____日

五、技能考核标准

序号	项目	操 作 内 容	规定分	评 分 标 准	得分
1	准备	清点工量具,整理工位	5分	酌情扣分	
2	拆卸	拆卸输油管、回油管 拆卸燃油滤清器 拆卸燃油泵 拆卸高压油轨 拆卸喷油器	5分 5分 5分 5分 10分	操作不当扣1~5分 操作不当扣1~5分 操作不当扣1~5分 操作不当扣1~5分 操作不当扣1~10分	
3	安装	安装高压油轨 安装喷油器 安装燃油泵 安装燃油滤清器 安装输油管、回油管	5分 10分 5分 5分 5分	操作不当扣1~5分 操作不当扣1~10分 操作不当扣1~5分 操作不当扣1~5分 操作不当扣1~5分	
4	完成时限	30min	5分	超时,扣1分/min; 超时5min以上扣5分	
5	回答问题	根据实际情况提问	10分	酌情扣分	
6	安全文明	无安全隐患,无不文明操作	10分	未达标扣1~10分	
7	结束	工量具清洗、归位 工作场地清洁	5分 5分	漏一项扣1~3分,未做扣5分 不彻底扣1~3分,未做扣5分	
	总分		100分		

注:发生重大安全事故得零分!

参 考 文 献

[1] 史文库. 汽车构造(上、下册)[M]. 6版. 北京:人民交通出版社,2013.

[2] 汤定国,李丕毅. 汽车电控发动机教学图册[M]. 北京:人民交通出版社,2010.

[3] 谭本忠. 汽车发动机构造与维修图解教程[M]. 2版. 北京:机械工业出版社,2016.

[4] 陈家瑞. 汽车构造(上、下册)[M]. 3版. 北京:机械工业出版社, 2013.

[5] 刘威. 汽车发动机电子控制系统检修[M]. 北京:机械工业出版社,2013.

[6] 武华. 汽车发动机构造与拆装工作页[M]. 2版. 北京:人民交通出版社股份有限公司, 2014.

[7] 扈佩令. 电控柴油发动机原理与维修[M]. 北京:北京理工大学出版社,2015.

[8] 福田康明斯发动机维修手册.

[9] 丰田卡罗拉发动机维修手册.